KB151577

基礎漢文教材 5

懸吐完譯

明心寶鑑

成百曉 譯註

傳統文化研究會

譯註者 略歷

忠南 禮山 出生
家庭에서 父親 月山公으로부터 漢文 修學
月谷 黃璟淵, 瑞巖 金熙鎭 先生 師事
民族文化推進會 國譯硏修院 修了
高麗大學校 敎育大學院 漢文敎育科 修了
한국고전번역원 부설 고전번역교육원 名譽漢學敎授(現)
傳統文化硏究會 副會長(現) 해동경사연구소 소장(現)
古典國譯賞 受賞

論文 및 譯書

〈艮齋의 性理說小考〉〈燕岩의 學問思想硏究〉
四書集註 ≪詩經集傳≫ ≪書經集傳≫ ≪周易傳義≫
≪古文眞寶≫ ≪牛溪集≫ 등 數十種 國譯
≪宣祖實錄≫ ≪宋子大全≫ ≪茶山集≫ ≪退溪集≫ 등 共譯

基礎漢文教材를 내면서

우리 전통문화연구회에서는 漢字의 文字體系로 이루어진 東洋古典의 우리말 번역에 착안하고 斯界의 실력자들로 번역진을 구성, 공부하는 사람들의 머리맡에 사전처럼 두고 볼 수 있는 번역서의 간행을 기획하여 이미 ≪論語集註≫, ≪孟子集註≫, ≪大學·中庸集註≫ 등을 세상에 내어놓은 바가 있다.

斯界의 重鎭인 成百曉 선생이 心血을 기울여 懸吐完譯한 이 3권으로 된 四書集註의 우리말 번역은 東洋學의 전문학도들은 말할 것도 없고 일반 敎養人들 사이에서도 好評을 받아 지금도 여러 곳에서 東洋哲學入門書로, 또는 漢文敎材로 사용되고 있다.

그런데 四書集註의 普及과 함께 漢文 공부를 위한, 특히 初學 단계에서의 自習을 위한 基礎漢文敎材를 찾는 소리가 높아지고 있어 우리 전통문화연구회에서는 初學者를 위한 漢文敎材의 개발에도 관심을 갖게 되었다.

漢文도 우리 조상들이 한글과 함께 아니 한글보다도 더 오래 사용해온 우리글, 우리 문화, 우리말의 일부임을 자각하여 우리말의 語源 및 우리 민족문화의 올바른 파악과 계승을 위해 漢文 공부를 반드시 해야겠다는 생각을 갖는 사람이 漸增하는 가운데 初學者用 漢文敎材 再構成의 필요성은 절실해졌다.

≪註解千字文≫, ≪四字小學≫, ≪推句·啓蒙篇≫, ≪童蒙先習·擊蒙要訣≫, ≪明心寶鑑≫ 등을 基礎漢文敎材 시리즈로 計劃하였다. 編輯은 본문에 懸吐하고, 原義에 充實하게 飜譯하였으며, 註를 달고 學習者의 便宜를 위하여 字義를 붙인 체제로 간행하고자 하는 바 이번 시리즈의 번역도 本會 成百曉 理事가 맡아주었다. 틀리지 않게 안심하고 공부할 수 있는 좋은 참고서가 될 것임을 확신하면서 아울러 많은 격려와 忠告의 苦言을 期待하는 바이다.

1996年 9月

社團法人 傳統文化硏究會 會長 李啓晃

이 책에 대하여

≪明心寶鑑≫은 '마음을 밝히는 보배로운 거울'이란 뜻으로, 書名에서 보는 바와 같이 人間의 日常生活에 필요한 格言을 各種書籍에서 발췌하여 만든 冊이다.

內容이 平易하고 切要하기 때문에 初學者들의 道義教本으로 學習되어 왔으며, 最近에는 基礎漢文教材로 널리 이용되고 있다. 다만 著者의 著述年代가 확실치 않을 뿐만 아니라, 世間에 通行하는 諸本은 각기 內容이 달라 解釋上에도 어려움이 많았고 出典 자체가 분명치 않아 校勘이 쉽지 않은 실정이었다.

그후 舊韓末에 나온 大丘仁興舍齋本이 流布되면서 高麗末 露堂 秋適이 지은 것으로 알려지게 되었다. 그러나 여기에도 여러 가지 問題點이 없지 않다. 첫째 栗谷이 지었다는 序跋 그 자체에 의문점이 있다. 本書에 실려 있는 栗谷의 序文과 跋文이 ≪栗谷集≫에 들어 있지 않을 뿐만 아니라, 栗谷이 지은 ≪擊蒙要訣≫의 讀書章 등에도 本書에 대한 言及이 一切 없다. 또한 序에 나오는 性理說도 栗谷의 學說과 크게 背馳되기 때문에 더욱 그러하다. 本書의 栗谷 序文에 보면 '氣質之性을 人心'이라 하였는데, 이는 栗谷의 性理說과 전혀 모순되는 것이다. 또한 本書에는 〈玄帝垂訓〉이니 〈東嶽聖帝垂訓〉이니 하는 道教類의 내용이 상당수 들어있는 바, 純粹儒學의 길을 추구하던 栗谷이 이러한 類의 책을 높이 平價할 理가 萬無하다는 점이다. 本人의 경험에 의하면 退溪나 栗谷의 가르침을 따르는 純粹儒學派에서는 最近까지도 本書의 內容이 雜駁하다 하여 教習시키지 않는 경우를 자주 目擊하곤 하였다.

그후 淸州本과 淸板本이 차례로 나오면서 ≪明心寶鑑≫은 秋露堂의 所作이 아니요 明初에 范立本이 지은 것임이 立證되었다. 范立本은 어떠한 人物인지 확실치 않다. 그러나 그가 지은 ≪治家節要≫ 序에 ≪明心寶鑑≫에 대한 기록들이 보이며, 本書에 보이는 ≪景行錄≫ 등의 冊名과 이와 비슷한 내용들 역시 ≪治家節要≫에 收錄되어 있는 점으로 미루어 이 ≪明心寶鑑≫은 그의 著書임이 분명하다 하겠다. 따라서 朝鮮初期에 刊行된 淸州本이 우리나라에서 刊行된 ≪明心寶鑑≫의 가장 오래된 原本이라 할 것이다. 이 原本은 近世의 通行本에 비하여 內容이 3배 이상 많다. 이것으로 보아 近世의 通行本은 後代에 와서 다시 발췌 정리된 것임을 알 수 있다. 最近에는 또다시 맨 뒤에 增補篇을 붙인 것이 世間에 널리 流行되고 있다.

本書는 典籍으로서의 가치는 별로 없다 하겠으나 좋은 名言들이 集積되어 있고 文章

이 平易하여 內容을 쉽게 理解할 수 있어 오늘날에는 '基礎漢文' 하면 곧바로 ≪明心寶鑑≫을 연상하는 지경에 이르게 되었다. 이에 本人은 ≪四字小學≫, ≪推句≫, ≪啓蒙篇≫, ≪童蒙先習≫, ≪擊蒙要訣≫ 등의 基礎漢文敎材를 모아 整理譯刊하면서 本書에 대한 校勘을 竝行하였다. 그러나 校勘作業을 進行하는 過程에서 本書의 原典이라 할 수 있는 ≪景行錄≫이나 ≪益智書≫ 등을 실제로 찾아볼 수가 없었으며, 太公이나 莊子의 경우도 대부분 그 出典根據가 희박하다는 事實을 發見하였다. 뿐만 아니라 原本인 淸州本 역시 誤脫字가 상당히 많았다. 이에 世間의 流行本을 臺本으로 삼고 原典을 對照하여 약간의 校勘을 加한 후에 이를 譯刊하게 되었다.

人間의 道德性恢復이 切實히 요청되는 오늘날 本書에 담긴 名言들은 마음의 양식이 될 것이며, 平易한 文章은 또한 初學者들이 漢文의 基礎를 理解하는 데에 훌륭한 길잡이가 될 것을 確信하는 바이다.

西曆 一九九二年 季夏에 後學 成百曉는 洌上의 觀一軒에서 쓰다.

凡 例

1. 本書는 基礎漢文教材의 한 책이다.

2. 本書는 抄略本(流行本)을 國譯臺本으로 하였다.

3. 原文 理解의 도움을 위하여 譯者가 原文에 懸吐하였다.

4. 出典과 內容을 校勘하여 原文을 校正하였다.

5. 飜譯은 原義에 充實하게 하여 學習에 도움이 되게 하였다.

6. 譯註는 重要한 出典이나 難解語에만 하였고, 讀者의 편의를 위하여 字義를 하단에 실었다.

7. 本書의 使用符號는 다음과 같다.
   “ ” : 對話, 각종 引用
   ‘ ’ : “ ” 안에서 再引用, 强調
   「 」: ‘ ’ 안에서 再引用, 强調
   ( ) : 원문에서는 讀音이 특수한 글자나 僻字의 音, 번역문에서는 간단한 譯註
   〔 〕: 번역문의 이해를 돕기 위한 原文의 漢字나 句節
   ≪ ≫ : 書名이나 典據
   < > : 篇章名, 作品名, 補充譯

目 次

明心寶鑑

繼善篇
(선행(善行)에 대한 글)

子曰 爲善者는 天報之以福하고 爲不善者는 天報之以禍니라

공자(孔子)가 말씀하셨다. 선(善)한 일을 하는 자는 하늘이 복으로써 갚아주고, 악(惡)한 일을 하는 자는 하늘이 재앙으로써 갚아주느니라.

역주(譯註) 子曰 : '子'는 부자(夫子)의 줄임말로 스승을 가리키는 바, 공자(孔子)를 높여 부른 것이다. B.C. 552~479. 춘추(春秋)시대 노(魯)나라의 대학자로, 유교의 원조(元祖)이다. 이름은 구(丘)이고 자(字)는 중니(仲尼)이다.

漢昭烈이 將終에 勅後主曰 勿以善小而不爲하고 勿以惡小而爲之하라

한(漢)나라 소열황제(昭烈皇帝)가 장차 임종하려 할 때에 후주(後主 : 劉禪을 말함)에게 조칙을 내려 말하였다. 선(善)이 작다고 해서 하지 않지 말며, 악(惡)이 작다고 해서 하지 말라.

역주 漢나라 : 고대 중국의 나라 이름으로 전한(前漢)과 후한(後漢)으로 나뉘며 여기서는 삼국시대의 촉한(蜀漢)을 가리킨다.

昭烈 : 160~223. 촉한의 초대 군주로 성은 유(劉)이고, 이름은 비(備)이며, 자는

寶 : 보배 보　鑑 : 거울 감　繼 : 이을 계　篇 : 책 편　報 : 갚을 보
禍 : 재앙 화　漢 : 한수 한, 나라 한　昭 : 밝을 소　烈 : 매울 렬　將 : 장차 장
終 : 마칠 종　勅 : 칙서 칙

현덕(玄德)이고, 소열(昭烈)은 그의 시호이다.

참고 : 이 내용은 원전인 ≪소학(小學)≫에는 '勿以惡小而爲之 勿以善小而不爲'로 어순(語順)이 바뀌어 있다.

莊子曰 一日不念善이면 諸惡이 皆自起니라

장자(莊子)가 말하였다. 하루라도 선한 것을 생각하지 않으면 모든 악한 것이 다 저절로 일어나느니라.

역주 莊子 : B.C. 365~290. 전국(戰國)시대 송(宋)나라 사람으로 이름은 주(周)이다. 저서로 ≪장자(莊子)≫가 있는데, 다만 이 책에 인용된 내용은 모두 ≪장자≫에 보이지 않음을 밝혀둔다.

太公曰 見善如渴하고 聞惡如聾하라 又曰 善事는 須貪하고 惡事는 莫樂하라

태공(太公)이 말하였다. 선한 일을 보거든 목마를 때 물을 본 듯이 하고, 악한 일을 듣거든 귀먹은 것처럼 하라. 또 말하였다. 선한 일은 모름지기 탐하고, 악한 일은 즐겨하지 말라.

역주 太公 : 주(周)나라 초기의 현자(賢者)로, 성은 강(姜)이고 씨는 여(呂)이며 이름은 상(尙)이라 한다. B.C. 1122년에 지금의 중국 산동성(山東省) 태생이며, 위수(渭水)가에서 낚시질을 하다 문왕(文王)에게 기용되었다. 저서로 ≪육도(六韜)≫·≪삼략(三略)≫이 전하는데, 이 책에 인용된 내용은 출전이 분명치 않다.

馬援曰 終身行善이라도 善猶不足이요 一日行惡이라도 惡自有餘니라

마원(馬援)이 말하였다. 몸을 마치도록 선한 일을 행하여도 선은 오히려 부족하고, 단 하루를 악한 일을 행하여도 악은 저절로 남음이 있느니라.

莊 : 장엄할 장　念 : 생각할 념　皆 : 다 개　起 : 일어날 기　渴 : 목마를 갈
聾 : 귀먹을 롱　須 : 모름지기 수　貪 : 탐할 탐　樂 : 즐거울 락　馬 : 말 마
援 : 구원할 원　猶 : 오히려 유　餘 : 남을 여

역주 馬援 : B.C. 14~A.D. 49. 후한(後漢) 사람으로 자는 문연(文淵)이며, 광무제(光武帝)를 도와서 티벳족을 정벌하고 남방 교지(交趾)의 반란을 평정, 흉노(匈奴)를 토벌하는 등 많은 무공을 세웠다.

司馬溫公曰 積金以遺子孫이라도 未必子孫이 能盡守요 積書以遺子孫이라도 未必子孫이 能盡讀이니 不如積陰德於冥冥之中하여 以爲子孫之計也니라

사마온공(司馬溫公)이 말하였다. 금(돈)을 모아서 자손에게 남겨주어도 자손이 반드시 다 지키지는 못하고, 책을 모아서 자손에게 남겨주어도 자손이 반드시 다 읽지는 못하니, 남모르는 가운데 음덕(陰德)을 쌓아서 자손을 위한 계책을 하느니만 같지 못하니라.

역주 司馬溫公 : 1019~1086. 북송(北宋)의 정치가이며 학자이다. 이름은 광(光)이고, 자(字)는 군실(君實)이며, 온국공(溫國公)에 봉해졌으므로 온공이라 칭하였다. 시호는 문정공(文正公)이다.

景行錄曰 恩義를 廣施하라 人生何處不相逢이랴 讐怨을 莫結하라 路逢狹處면 難回避니라

≪경행록(景行錄)≫에 말하였다. 은혜와 의(義)를 널리 베풀라. 사람이 어느 곳에서 산들 서로 만나지 않으랴? 원수와 원한을 맺지 말라. 길이 좁은 곳에서 만나면 회피하기 어려우니라.

역주 景行錄 : 송(宋)나라 때 만든 책이라 하나 현재 남아 있지 않다.

司 : 맡을 사　溫 : 더울 온　積 : 쌓을 적　遺 : 끼칠 유　讀 : 읽을 독
冥 : 어두울 명　景 : 볕 경, 클 경　錄 : 기록할 록　恩 : 은혜 은　廣 : 넓을 광
施 : 베풀 시　逢 : 만날 봉　怨 : 원망 원　狹 : 좁을 협
難 : 어려울 난　避 : 피할 피

莊子曰 於我善者도 我亦善之하고 於我惡者도 我亦善之니라 我旣於人에 無惡이면 人能於我에 無惡哉인저

장자(莊子)가 말하였다. 나에게 선하게 하는 자에게도 내 또한 선하게 하고, 나에게 악하게 하는 자에게도 내 또한 선하게 할 것이다. 내가 이미 남에게 악하게 함이 없으면 남도 나에게 악하게 함이 없을 것이다.

東嶽聖帝垂訓曰 一日行善이면 福雖未至나 禍自遠矣요 一日行惡이면 禍雖未至나 福自遠矣니 行善之人은 如春園之草하여 不見其長이라도 日有所增하고 行惡之人은 如磨刀之石하여 不見其損이라도 日有所虧니라

≪동악성제 수훈(東嶽聖帝垂訓)≫에 말하였다. 하루 선한 일을 행하면 복(福)은 비록 이르지 아니하나 화(禍)는 저절로 멀어지고, 하루 악한 일을 행하면 화는 비록 이르지 아니하나 복은 저절로 멀어진다. 선한 일을 행하는 사람은 봄 동산의 풀과 같아서 그 자라는 것을 보지 못하나 날로 더해지는 바가 있고, 악한 일을 행하는 사람은 칼을 가는 숫돌과 같아서 그 닳아 없어지는 것을 보지 못하나 날로 이지러지는 바가 있느니라.

역주 東嶽聖帝 : 도가(道家)에 속하는 인물이나 자세한 것은 미상이다.

子曰 見善如不及하고 見不善如探湯하라

공자가 말씀하였다. 선한 일을 보거든 미치지 못할 것처럼 여기고, 선하지 않

旣 : 이미 기　能 : 능할 능　哉 : 어조사 재　嶽 : 뫼부리 악　聖 : 성인 성
垂 : 드리울 수　訓 : 가르칠 훈　雖 : 비록 수　園 : 동산 원　增 : 더할 증
磨 : 갈 마　損 : 덜 손　虧 : 이지러질 휴　探 : 더듬을 탐　湯 : 끓을 탕

은 일을 보거든 끓는 물을 더듬는 것처럼 여겨라.

天命篇
(천명을 두려워하는 글)

孟子曰 順天者는 存하고 逆天者는 亡이니라

맹자가 말씀하였다. 천명(天命)에 순종하는 자는 보존되고, 천명을 거역하는 자는 망하느니라.

역주 孟子 : 전국시대(戰國時代) 사상가(思想家)로, 이름은 가(軻)이고 자는 자여(子輿)이며, 공자(孔子)의 학문사상을 계승하여 공자와 함께 유가(儒家)의 대표인물로 알려져 있다.

※ 일본(一本)에는 '子曰'로 되어 있으나 원출전(原出典)인 ≪맹자(孟子)≫에 의하여 바로잡았으며, 청주본(淸州本)에도 맹자(孟子)로 기록되어 있다.

康節邵先生曰 天聽이 寂無音하니 蒼蒼何處尋고 非高亦非遠이라 都只在人心이니라

강절 소선생(康節邵先生)이 말하였다. 하늘의 들으심이 고요하여 소리가 없으니 푸르고 푸른 어느 곳에서 찾을까. 높지도 않고 또한 멀지도 않다. 모두가 다만 사람의 마음속에 있느니라.

역주 康節邵先生 : 1011~1077. 북송(北宋)의 학자로, 이름은 옹(雍)이고 자는 요부(堯夫)이며, 강절(康節)은 그의 시호이다.

玄帝垂訓曰 人間私語라도 天聽은 若雷하고 暗

順 : 순할 순 逆 : 거스를 역 亡 : 망할 망 康 : 편안할 강 邵 : 높을 소
聽 : 들을 청 寂 : 고요할 적 蒼 : 푸를 창 尋 : 찾을 심 都 : 도읍 도, 모두 도
只 : 다만 지 帝 : 임금 제 語 : 말씀 어 雷 : 우뢰 뢰 暗 : 어두울 암

室欺心이라도 神目은 如電이니라

≪현제 수훈(玄帝垂訓)≫에 말하였다. 인간의 사사로운 말이라도 하늘이 듣는 것은 우레와 같고, 어두운 방에서 마음을 속이더라도 귀신이 보는 것은 번개와 같느니라.

역주 玄帝 : 도가(道家)의 한 사람이나 자세한 것은 미상이다.

益智書云 惡鑵이 若滿이면 天必誅之니라

≪익지서(益智書)≫에 말하였다. 악한 그릇(나쁜 마음)이 만일 가득차면 하늘이 반드시 베느니라.

역주 益智書 : 송(宋)나라 때에 만들어진 교양에 관한 책으로 알려져 있다.

莊子曰 若人作不善하여 得顯名者는 人雖不害나 天必戮之니라

장자가 말하였다. 만일 사람이 선하지 않은 일을 해서 훌륭한 이름을 얻는 자는 사람이 비록 해치지 않더라도 하늘이 반드시 죽이느니라.

참고 : 이 내용은 ≪장자(莊子)≫ 〈경상초(庚桑楚)〉에는 "爲不善乎顯明之中者 人得而誅之 爲不善乎幽閒之中者 鬼得而誅之"로 되어 있다.

種瓜得瓜요 種豆得豆니 天網이 恢恢하여 疎而不漏니라

오이를 심으면 오이를 얻고 콩을 심으면 콩을 얻으니, 하늘의 그물이 넓고 넓어서 성글되 새지 않느니라.

欺 : 속일 기 電 : 번개 전 智 : 슬기 지 鑵 : 두레박 관 滿 : 가득할 만
誅 : 벨 주 顯 : 나타날 현 害 : 해칠 해 戮 : 죽일 륙 種 : 심을 종 瓜 : 오이 과
得 : 얻을 득 豆 : 콩 두 網 : 그물 망 恢 : 넓을 회 疎 : 성글 소 漏 : 샐 루

子曰 獲罪於天이면 無所禱也니라

공자가 말씀하셨다. 〈나쁜 일을 하여〉 하늘에 죄를 얻으면 빌 곳이 없느니라.

順命篇

(운명에 순응(順應)하는 글)

子曰 死生이 有命이요 富貴在天이니라

공자가 말씀하였다. 죽고 사는 것은 명(命)에 있고, 부하고 귀한 것은 하늘에 달려있느니라.

萬事分已定이어늘 浮生空自忙이니라

모든 일은 분수(分數)가 이미 정해져 있는데, 세상 사람들이 부질없이 스스로 바쁘게 움직이느니라.

景行錄云 禍不可倖免이요 福不可再求니라

≪경행록≫에 말하였다. 화(禍)는 요행으로 면하려 하지 말고, 복은 두 번 다시 구하려 하지 말지니라.

時來風送滕王閣이요 運退雷轟薦福碑라

때가 오니 바람이 등왕각(滕王閣)으로 보내고, 운수(運數)가 물러가니 벼락이 천복비(薦福碑)에 떨어졌느니라.

역주 滕王閣 : 양자강 유역 남창(南昌)에 있는 누각

獲 : 얻을 획 禱 : 빌 도 已 : 이미 이 浮 : 뜰 부 空 : 부질없을 공 忙 : 바쁠 망
倖 : 요행 행 滕 : 나라 등 閣 : 집 각 轟 : 들렐 굉, 떠들썩할 굉
薦 : 천거할 천 碑 : 비석 비

薦福碑 : 강서성(江西省) 천복사(薦福寺)에 있던 비(碑)로, 원(元)나라 때 마치원(馬致遠)이 세운 것이라는 설도 있고, 당나라 때 구양순(歐陽詢)이 비문을 썼다는 설도 있다.

참 고 : 당(唐)나라 때 왕발(王勃)은 순풍을 타고 하룻밤 사이에 남창(南昌) 7백 리를 가서 등왕각 연회에 참석하여 등왕각서를 지음으로써 문명(文名)을 천하에 드날렸으며, 구래공(寇萊公)의 문객(門客) 한 사람은 지극히 곤궁하였는데, 천복비의 탁본(拓本)을 해오면 후사(厚謝)하겠다는 부탁을 받고 천신만고 끝에 수천 리를 달려갔으나 그날 밤 벼락이 천복비를 쳐서 허행(虛行)한 일이 있었다 한다.

列子曰 癡聾痼啞도 家豪富요 智慧聰明도 却受貧이라 年月日時該載定하니 算來由命不由人이니라

열자(列子)가 말하였다. 어리석고 귀먹고 벙어리라도 집은 호화롭고 부자요, 지혜 있고 총명한 이도 도리어 가난함을 받느니라. 〈운수는〉 해와 달과 날과 시가 모두 처음에 정해져 있으니, 계산해보면 명(命)에 말미암고 사람에 말미암지 않느니라.

역주 列子 : 이름은 어구(禦寇)이며, 전국(戰國)시대 초기 노(魯)나라의 철학자로, 그의 사상을 엮은 ≪열자≫가 있다.

痼啞 : 말을 못하는 벙어리로, '瘖瘂'로 쓰기도 한다. 일본(一本)에는 '痼啞'로 잘못된 것을 바로잡았다.

孝行篇

(효행에 대한 글)

詩曰 父兮生我하시고 母兮鞠我하시니 哀哀父母여

列 : 벌릴 렬　癡 : 어리석을 치　聾 : 귀먹을 롱　痼 : 벙어리 음　啞 : 벙어리 아
豪 : 호화스러울 호　慧 : 밝을 혜　聰 : 귀밝을 총　却 : 도리어 각　該 : 모두 해
載 : 비로소 재　算 : 셈할 산　兮 : 어조사 혜　鞠 : 기를 국　哀 : 슬플 애

生我劬勞삿다 欲報深恩인대 昊天罔極이로다

≪시경(詩經)≫에 말하였다. 아버지여! 나를 낳으시고, 어머니여! 나를 기르시니, 슬프고 슬프도다, 부모여! 나를 낳아 기르시느라 애쓰셨도다. 그 깊은 은혜 갚고자 하면 하늘과 같아 다함이 없도다.

역주 詩經 : 삼경(三經)의 하나로 주대(周代)까지의 시(詩)를 공자(孔子)가 뽑아 편찬한 것이라고 한다.

子曰 孝子之事親也에 居則致其敬하고 養則致其樂하고 病則致其憂하고 喪則致其哀하고 祭則致其嚴이니라

공자가 말씀하였다. 효자가 어버이를 섬길 적에는 기거(起居)함에 그 공경을 다하고, 봉양할 때에는 그 즐거움을 다하고, 병이 드시면 그 근심을 다하고, 초상(죽음)을 당하면 그 슬픔을 다하고, 제사 지내게 되면 그 엄숙함을 다하느니라.

子曰 父母在어시든 不遠遊하며 遊必有方이니라

공자가 말씀하였다. 부모가 살아계시거든 멀리 놀지(가지) 말며, 놀(갈) 때에는 반드시 일정한 곳이 있어야 하느니라.

子曰 父命召어시든 唯而不諾하고 食在口則吐之니라

공자가 말씀하였다. 부모께서 명하여 부르시거든 속히 대답하고 느리게 대답하지 말며, 음식이 입에 있거든 뱉고 달려갈지니라.

劬 : 힘쓸 구　勞 : 수고로울 로　深 : 깊을 심　昊 : 하늘 호　罔 : 없을 망
極 : 다할 극　事 : 섬길 사　致 : 다할 치　敬 : 공경할 경　養 : 기를 양
樂 : 즐거울 락　憂 : 근심 우　哀 : 슬플 애　祭 : 제사 제　嚴 : 엄할 엄　遊 : 놀 유
唯 : 빨리 대답할 유　諾 : 허락할 낙, 느리게 대답할 낙　則 : 곧 즉　吐 : 토할 토

太公曰 孝於親이면 **子亦孝之**하나니 **身旣不孝**면 **子何孝焉**이리오

태공이 말하였다. 내가 부모에게 효도하면 내 자식이 또한 나에게 효도하나니, 내가 이미 어버이에게 효도하지 않는다면 내 자식이 어찌 나에게 효도하겠는가?

孝順은 **還生孝順子**요 **忤逆**은 **還生忤逆兒**하나니 **不信**커든 **但看簷頭水**하라 **點點滴滴不差移**니라

부모에게 효도하고 순한 사람은 다시 효도하고 순한 자식을 낳고 부모에게 거역한 사람은 다시 거역하는 자식을 낳는다. 믿지 못하겠거든 저 처마 끝의 낙수(落水)를 보라. 방울방울 떨어짐이 어긋남이 없느니라.

역주 忤逆 : 일본(一本)에는 '五逆'으로 되어 있다.

正己篇
(몸을 바루는 글)

性理書云 見人之善이어든 **而尋己之善**하고 **見人之惡**이어든 **而尋己之惡**이니 **如此**라야 **方是有益**이니라

성리서(性理書)에 말하였다. 남의 선한 것을 보거든 나의 선한 것을 찾고, 남의 악한 것을 보거든 나의 악한 것을 찾을 것이니, 이와 같이 하여야 바야흐로 유익함이 있느니라.

역주 性理書 : 송(宋)나라 때 유학자(儒學者)들이 인간의 심성(心性)과 우주의 원리에 대하여 지은 모든 글을 이른다.

焉 : 어조사 언 還 : 또 환 忤 : 거스를 오 看 : 볼 간 簷 : 처마 첨
點 : 점 점 滴 : 물방울 떨어질 적 差 : 어그러질 차 移 : 옮길 이 理 : 이치 리
益 : 더할 익

景行錄云 大丈夫當容人이언정 無爲人所容이니라

≪경행록≫에 말하였다. 대장부는 마땅히 남을 용서할지언정 남에게 용서를 받는 바가 되지는 말지니라.

太公曰 勿以貴己而賤人하고 勿以自大而蔑小하고 勿以恃勇而輕敵이니라

태공(太公)이 말하였다. 자신을 귀하게 여기고 남을 천하게 여기지 말며, 자기를 과시하고 작은 이를 업신여기지 말며, 용맹을 믿고서 적(敵)을 가볍게 여기지 말지니라.

馬援曰 聞人之過失이어든 如聞父母之名하여 耳可得聞이언정 口不可言也니라

마원(馬援)이 말하였다. 남의 과실을 듣거든 부모의 이름을 들은 것처럼 하여 귀로는 들을지언정 입으로는 말하지 말지니라.

康節邵先生曰 聞人之謗이라도 未嘗怒하며 聞人之譽라도 未嘗喜하며 聞人之惡이라도 未嘗和하며 聞人之善이면 則就而和之하고 又從而喜之니라 其詩曰 樂見善人하며 樂聞善事하며 樂道善言하며 樂行善意하고 聞人之惡이어든 如負芒刺하며 聞人

當：마땅할 당 容：얼굴 용, 용납할 용 賤：천할 천 蔑：업신여길 멸
恃：믿을 시 勇：날랠 용 輕：가벼울 경 敵：대적할 적, 적군 적
聞：들을 문 過：허물 과 失：잃을 실 康：편안할 강
節：마디 절 邵：높을 소 謗：비방할 방 嘗：일찍 상 怒：성낼 노
譽：기릴 예 喜：기쁠 희 就：나아갈 취 芒：가시 망 刺：찌를 자(척), 가시 자

之善이어든 如佩蘭蕙니라

강절 소선생이 말하였다. 남의 비방을 들어도 성내지 말며, 남의 좋은 칭찬을 들어도 기뻐하지 말며, 남의 악행을 들어도 이에 동조하지 말며, 남의 선행을 듣거든 나아가 어울리고 또 따라서 기뻐할지니라. 시(詩)에 이렇게 말하였다. 선한 사람 보기를 즐겨하며 선한 일 듣기를 즐겨하며 선한 말 이르기를 즐겨하며 선한 뜻 행하기를 즐겨하고, 남의 악한 점을 듣거든 가시를 등에 진 것같이 여기며, 남의 선한 점을 듣거든 난초를 찬 것같이 여기라.

道吾善者는 是吾賊이요 道吾惡者는 是吾師니라

나의 선한 점을 말하는 자는 곧 나의 적이요, 나의 악한 점을 말하는 자는 곧 나의 스승이니라.

太公曰 勤爲無價之寶요 愼是護身之符니라

태공(太公)이 말하였다. 부지런함은 값이 없는(값으로 헤아릴 수 없는) 보배가 되고, 삼감은 몸을 보호하는 병부(兵符 : 신표)이니라.

景行錄曰 保生者는 寡慾하고 保身者는 避名이니 無慾은 易나 無名은 難이니라

≪경행록≫에 말하였다. 삶을 보전하려는 자는 욕심을 적게 하고, 몸을 보전하려는 자는 이름(명예)을 피해야 하니, 욕심을 없게 하기는 쉬우나 이름(명예)을 없게 하기는 어려우니라.

子曰 君子有三戒하니 少之時엔 血氣未定이라 戒

佩 : 찰 패 蘭 : 난초 란 蕙 : 혜초 혜 道 : 말할 도 賊 : 해칠 적 師 : 스승 사
勤 : 부지런할 근 價 : 값 가 愼 : 삼갈 신 符 : 부신 부 寡 : 적을 과
慾 : 욕심 욕 避 : 피할 피 易 : 쉬울 이 戒 : 경계 계

之在色하고 **及其壯也**하여는 **血氣方剛**이라 **戒之在鬪**하고 **及其老也**하여는 **血氣旣衰**라 **戒之在得**이니라

공자가 말씀하였다. 군자(君子)가 세 가지 경계할 것이 있으니, 연소(年少)할 때에는 혈기(血氣)가 정해지지 않은지라 경계할 것이 여색(女色)에 있고, 장성(壯成)함에 이르러는 혈기가 바야흐로 강성한지라 경계할 것이 싸움에 있고, 늙음에 이르러는 혈기가 이미 쇠한지라 경계할 것이 탐(貪)하여 얻으려는 데 있느니라.

孫眞人養生銘云 怒甚偏傷氣요 **思多太損神**이라 **神疲心易役**이요 **氣弱病相因**이라 **勿使悲歡極**하고 **當令飮食均**하며 **再三防夜醉**하고 **第一戒晨嗔**하라

≪손진인 양생명(孫眞人養生銘)≫에 말하였다. 성냄이 심하면 특히 기운을 상하고, 생각이 많으면 크게 정신을 손상한다. 정신이 피로하면 마음이 사역(使役) 당하기 쉽고, 기운이 약하면 병이 서로 일어난다. 슬퍼하고 기뻐함을 지극하게 하지 말고 마땅히 음식을 고르게 하며, 재삼 밤에 술 취하는 것을 막고 새벽에 성내는 것을 제일 경계하라.

역주 孫眞人 : 도가(道家)에 속하는 사람이나 자세한 것은 알려져 있지 않다.
養生銘 : 몸과 마음을 잘 수양하여 건강과 장수를 꾀하는 계명.

景行錄曰 食淡精神爽이요 **心淸夢寐安**이니라

≪경행록≫에 말하였다. 음식이 담박하면 정신이 상쾌하고, 마음이 맑으면 꿈과 잠이 편안하니라.

壯 : 장성할 장 剛 : 굳셀 강 鬪 : 싸울 투 衰 : 쇠할 쇠 銘 : 새길 명
偏 : 치우칠 편 傷 : 상할 상 損 : 덜 손 疲 : 피곤할 피 役 : 부릴 역
悲 : 슬플 비 歡 : 기뻐할 환 極 : 다할 극 令 : 하여금 령 防 : 막을 방
醉 : 술취할 취 晨 : 새벽 신 嗔 : 성낼 진 淡 : 맑을 담 爽 : 상쾌할 상
夢 : 꿈 몽 寐 : 잘 매

定心應物하면 **雖不讀書**라도 **可以爲有德君子**니라

마음을 정하여 사물(事物)에 대응한다면 비록 글을 읽지 않았더라도 덕이 있는 군자라 할 수 있다.

近思錄云 懲忿을 **如救火**하고 **窒慾**을 **如防水**하라

≪근사록(近思錄)≫에 말하였다. 분(忿)을 징계하기를 불을 끄듯이 하고, 욕심을 막기를 물을 막듯이 하라.

역주 近思錄 : 송(宋)나라 때 주자(朱子)와 그의 친구인 여조겸(呂祖謙)이 함께 지은 책으로, 인격수양에 필요한 명언 622조목을 추려 14부로 편저하였다.

夷堅志云 避色을 **如避讐**하고 **避風**을 **如避箭**하며 **莫喫空心茶**하고 **少食中夜飯**하라

≪이견지(夷堅志)≫에 말하였다. 여색(女色) 피하기를 원수 피하듯이 하고 바람 피하기를 화살 피하듯이 하며, 빈 속에 차를 마시지 말고 밤중에 밥을 적게 먹어라.

역주 夷堅志 : 송(宋)나라 때 사람인 홍매(洪邁 : 1123~1202)가 민간의 기이한 일이나 이야기를 모아 엮은 설화집으로 420권으로 되어 있다.

荀子曰 無用之辯과 **不急之察**을 **棄而勿治**하라

순자(荀子)가 말하였다. 쓸데없는 말과 급하지 않은 일은 버려두고 다스리지 말라.

역주 荀子 : B.C. 298?~238?. 전국(戰國)시대 조(趙)나라 사람으로, 이름은 황(況)이며 자(字)는 경(卿)이다. 성악설(性惡說)을 주장하였으며 저서로 ≪荀子(순자)≫가 있다.

應 : 응할 응　雖 : 비록 수　懲 : 징계할 징　忿 : 분할 분　救 : 불끌 구
窒 : 막을 질　夷 : 오랑캐 이　堅 : 굳을 견　志 : 뜻 지, 기록할 지　箭 : 화살 전
喫 : 먹을 끽(긱)　茶 : 차 다　飯 : 밥 반　荀 : 성 순　辯 : 말씀 변
察 : 살필 찰　棄 : 버릴 기　治 : 다스릴 치

子曰 衆이 **好之**라도 **必察焉**하며 **衆**이 **惡**(오)**之**라도 **必察焉**이니라

공자가 말씀하였다. 여러 사람이 좋아하더라도 반드시 살펴보아야 하며, 여러 사람이 미워하더라도 반드시 살펴보아야 하느니라.

酒中不語는 **眞君子**요 **財上分明**은 **大丈夫**니라

술 취한 가운데에도 말을 하지 않는 것은 참다운 군자요, 재물에 대하여 분명한 것은 대장부이니라.

萬事從寬이면 **其福自厚**니라

모든 일에 너그러움을 좇으면 그 복이 저절로 두터워지느니라.

太公曰 欲量他人인대 **先須自量**하라 **傷人之語**는 **還是自傷**이니 **含血噴人**이면 **先汚其口**니라

태공이 말하였다. 다른 사람을 헤아리고자 하거든 먼저 모름지기 스스로를 헤아려보라. 남을 해치는 말은 도리어 스스로를 해치는 것이니, 피를 머금어 남에게 뿜으면 먼저 자기의 입을 더럽히느니라.

凡戱는 **無益**이요 **惟勤**이 **有功**이니라

모든 희롱은 유익함이 없고 오직 부지런함이 공(功)이 있느니라.

太公曰 瓜田에 **不納履**하고 **李下**에 **不整冠**이니라

衆 : 무리 중 惡 : 미워할 오 財 : 재물 재 丈 : 어른 장 夫 : 사내 부
寬 : 너그러울 관 厚 : 두터울 후 欲 : 하고자할 욕 量 : 헤아릴 량 還 : 도리어 환
含 : 머금을 함 噴 : 뿜을 분 汚 : 더러울 오 凡 : 무릇 범 戱 : 희롱할 희
惟 : 오직 유 功 : 공 공 納 : 들일 납 履 : 신 리 李 : 오얏 리 冠 : 갓 관

태공이 말하였다. 남의 외 밭을 지나갈 때에는 신을 고쳐 신지 말고, 남의 오얏 나무 아래에서는 갓을 바루지 말라.

景行錄曰 心可逸이언정 形不可不勞요 道可樂이언정 心不可不憂니 形不勞則怠惰易弊하고 心不憂則荒淫不定이라 故로 逸生於勞而常休하고 樂生於憂而無厭하나니 逸樂者는 憂勞를 其可忘乎아

≪경행록≫에 말하였다. 마음은 편할지언정 형체(육신)는 수고롭지 않을 수 없고, 도(道)는 즐거울지언정 몸은 근심하지 않을 수 없으니, 형체(육신)가 수고롭지 않으면 게을러서 허물어지기 쉽고, 몸이 근심하지 않으면 주색에 빠져서 안정하지 못한다. 그러므로 편안함은 수고로움에서 생겨 항상 기쁘고 즐거움은 근심하는 데서 생겨 싫음이 없나니, 편안하고 즐거운 자는 근심과 수고로움을 그 잊을 수 있겠는가?

耳不聞人之非하고 目不視人之短하고 口不言人之過라야 庶幾君子니라

귀로는 남의 나쁜 것을 듣지 않고, 눈으로는 남의 단점을 보지 않고, 입으로 남의 허물을 말하지 않아야 거의 군자(君子)이니라.

蔡伯喈曰 喜怒는 在心하고 言出於口하나니 不可不愼이니라

채백개(蔡伯喈)가 말하였다. 기뻐하고 노여워하는 것은 마음속에 있고, 말은 입에서 나오니 삼가지 않으면 안 되느니라.

逸 : 편안할 일　憂 : 근심 우　怠 : 게으를 태　惰 : 게으를 타　弊 : 무너질 폐
荒 : 거칠 황　淫 : 음란할 음　常 : 항상 상　休 : 쉴 휴, 기쁠 휴
厭 : 싫을 염　庶 : 거의 서　幾 : 몇 기, 거의 기　蔡 : 나라 채　伯 : 맏 백
喈 : 새소리 개　愼 : 삼갈 신

역주 蔡伯喈 : 후한(後漢) 때의 학자로, 이름은 옹(邕)이며 백개는 그의 자(字)이다. 저서로 ≪채중랑전집(蔡中郎全集)≫이 있다.

宰予晝寢이어늘 子曰 朽木은 不可雕也요 糞土之墻은 不可圬也니라

재여(宰予)가 낮잠을 자자, 공자께서 말씀하였다. 썩은 나무는 조각하지 못하고, 썩은 흙으로 만든 담은 흙손질하지 못하느니라.

역주 宰予 : 춘추(春秋)시대 노(魯)나라 사람으로, 자(字)가 자아(子我)이기 때문에 재아(宰我)라고도 많이 쓰며, 공자(孔子)의 제자로 언변이 뛰어났다.

紫虛元君誠諭心文曰 福生於清儉하고 德生於卑退하고 道生於安靜하고 命生於和暢하고 患生於多慾하고 禍生於多貪하고 過生於輕慢하고 罪生於不仁이니라 戒眼하여 莫看他非하고 戒口하여 莫談他短하고 戒心하여 莫自貪嗔하고 戒身하여 莫隨惡伴하며 無益之言을 莫妄說하고 不干己事를 莫妄爲하며 尊君王, 孝父母하고 敬尊長, 奉有德하고 別賢愚, 恕無識하며 物順來而勿拒하며 物既去而勿追하며 身未遇而勿望하고 事已過而勿思하라 聰明도 多暗昧요 算計도 失便宜니라 損人終

宰 : 재상 재 予 : 나 여 晝 : 낮 주 寢 : 잘 침 朽 : 썩을 후 雕 : 다듬을 조
糞 : 똥 분 墻 : 담 장 圬 : 흙손 오 紫 : 붉을 자 虛 : 빌 허 諭 : 고할 유
儉 : 검소할 검 卑 : 낮을 비 暢 : 화창할 창 慢 : 거만할 만 隨 : 따를 수
伴 : 짝 반 妄 : 망녕될 망 干 : 간여할 간 恕 : 용서할 서 識 : 알 식
拒 : 막을 거 追 : 좇을 추 遇 : 만날 우 望 : 바랄 망 昧 : 어두울 매

自失이요 **依勢禍相隨**라 **戒之在心**하고 **守之在氣**라 **爲不節而亡家**하고 **因不廉而失位**니라 **勸君自警於平生**하노니 **可歎可驚而可畏**니라 **上臨之以天鑑**하고 **下察之以地祇**라 **明有王法相繼**하고 **暗有鬼神相隨**라 **惟正可守**요 **心不可欺**니 **戒之戒之**하라

≪자허원군 성유심문(紫虛元君誠諭心文)≫에 말하였다. 복(福)은 깨끗하고 검소한 데서 생기고, 덕(德)은 낮추고 겸손한 데서 생기고, 도(道)는 편안하고 고요한 데서 생기고, 생명(生命)은 화평하고 명랑한 데서 생기고, 근심은 욕심이 많은 데서 생기고, 재앙은 탐욕이 많은 데서 생기고, 과실(過失)은 경솔하고 교만한 데서 생기고, 죄악(罪惡)은 어질지 못한 데서 생기느니라.

눈을 경계하여 다른 사람의 그름을 보지 말고, 입을 경계하여 다른 사람의 단점을 말하지 말고, 마음을 경계하여 탐내고 성내지 말고, 몸을 경계하여 나쁜 짝을 따르지 말라. 무익한 말은 함부로 말하지 말고, 자기에게 관계없는 일은 함부로 하지 말며, 군왕(君王)을 높이고 부모에게 효도하며, 존장(尊長)을 존경하고, 덕이 있는 이를 받들며 어진 이와 어리석은 이를 분별하고, 무식한 자를 용서하라. 물건이 순리(順理)로 오거든 막지 말고, 물건이 이미 지나갔거든 쫓지 말며, 몸에 닥치지 않았거든 바라지 말고, 일이 이미 지나갔거든 생각하지 말라. 총명한 사람도 어두운 때가 많고, 수판으로 계산함도 편의(便宜)를 잃는 수가 있느니라. 남을 손상하면 마침내 자기를 손상하게 되고, 세력에 의존하면 재앙이 서로 따르느니라. 경계하는 것은 마음에 있고, 지키는 것은 기운에 있다. 절약하지 않기 때문에 집을 망치고, 청렴하지 않음으로 인하여 지위(地位)를 잃느니라.

그대에게 권하여 스스로 평생을 경계하게 하노니, 탄식할 만하고 놀랄 만하고 두려워할 만하니라. 위에는 하늘의 거울로써 굽어보고 아래에는 땅의 신령이 살피고 있느니라. 밝은 곳에는 왕법(王法)이 서로 이어져 있고 어두운 곳에는 귀신이 서로 따르고 있느니라. 오직 바른 것을 지킬 것이요, 마음을 속이지 말 것이니, 경계하고 경계하라.

廉 : 청렴할 렴　勸 : 권할 권　警 : 경계할 경　歎 : 탄식할 탄　驚 : 놀랄 경
畏 : 두려울 외　祇 : 땅귀신 기　欺 : 속일 기

역주 紫虛元君 : 도가(道家)에 속하는 인물이나 자세한 것은 분명치 않다.
誠諭心文 : 정성으로 깨우쳐준 진심의 글.

安分篇
(분수를 편안히 하는 글)

景行錄曰 知足可樂이요 務貪則憂니라

≪경행록≫에 말하였다. 만족함을 알면 즐거울 수 있고, 탐욕을 힘쓰면 근심하느니라.

知足者는 貧賤亦樂이요 不知足者는 富貴亦憂니라

만족함을 아는 자는 가난하고 천하여도 또한 즐겁고, 만족함을 알지 못하는 자는 부(富)하고 귀(貴)하여도 또한 근심하느니라.

濫想은 徒傷神이요 妄動은 反致禍니라

지나친 생각은 한갓 정신을 상하게 할 뿐이요, 망령된 행동은 도리어 재앙을 부르느니라.

知足常足이면 終身不辱하고 知止常止면 終身無恥니라

만족함을 알아 항상 만족하면 종신토록 욕되지 아니하고, 그칠 줄을 알아 항상 그치면 종신토록 부끄러움이 없느니라.

書曰 滿招損하고 謙受益이니라

分 : 분수 분　務 : 힘쓸 무　貪 : 탐낼 탐　貧 : 가난할 빈　賤 : 천할 천
濫 : 넘칠 람　徒 : 한갓 도　反 : 도리어 반　終 : 마칠 종　辱 : 욕될 욕
恥 : 부끄러울 치　滿 : 가득할 만　招 : 부를 초　損 : 덜 손　謙 : 겸손 겸

≪서경(書經)≫에 말하였다. 가득차면 덞을 부르고, 겸손하면 더함을 받느니라.

역주 書 : 삼경의 하나로 중국 요순(堯舜) 때부터 주(周)나라 때까지 정사(正史)에 관한 내용을 기록한 것인데, 공자가 수집하여 편찬하였으며 후에 송(宋)나라 채침(蔡沈)이 해설한 것을 ≪서전(書傳)≫이라고 하는 바 모두 20권 58편으로 되어 있다.

安分吟曰 安分身無辱이요 知幾心自閑이니 雖居人世上이나 却是出人間이니라

〈안분음(安分吟)〉에 말하였다. 분수에 편안하면 몸에 욕됨이 없고, 기미를 알면 마음이 저절로 한가하니라. 비록 인간 세상에 사나 도리어 인간 세상을 벗어나야 하느니라.

역주 安分吟 : 송(宋)나라 때 안분시(安分詩)를 말하는데 저자는 미상이며, 원본(淸州本)에는 격양시(擊壤詩)로 표시되어 있다.

子曰 不在其位하여는 不謀其政이니라

공자가 말씀하였다. 그 지위에 있지 않으면 그 정사를 도모하지 말지니라.

存心篇
(마음을 보존하는 글)

景行錄云 坐密室을 如通衢하고 馭寸心을 如六馬면 可免過니라

≪경행록≫에 말하였다. 밀실(密室)에 앉았어도 마치 통한 길거리에 앉은 것처럼 여기고, 작은 마음을 제어하기를 마치 여섯 필의 말을 부리듯 하면 허물을 면할 수 있느니라.

吟 : 읊을 음 辱 : 욕될 욕 幾 : 기미 기 閑 : 한가할 한 却 : 도리어 각
密 : 은밀할 밀 衢 : 거리 구 馭 : 어거할 어

擊壤詩云 富貴를 如將智力求인대 仲尼年少合封侯라 世人은 不解靑天意하고 空使身心半夜愁니라

≪격양시(擊壤詩)≫에 말하였다. 부귀(富貴)를 만일 지혜와 힘을 가지고 구할 수 있을진댄 중니(仲尼)가 젊은 나이에 마땅히 제후(諸侯)에 봉해졌을 것이다. 세상 사람들은 푸른 하늘의 뜻을 알지 못하고 부질없이 몸과 마음으로 하여금 한밤중에 근심하게 하느니라.

역주 擊壤詩 : 송(宋)나라 때 소옹(邵雍)이 지은 ≪이천격양시집(伊川擊壤詩集)≫으로 20권으로 되어 있다.

范忠宣公이 戒子弟曰 人雖至愚나 責人則明하고 雖有聰明이나 恕己則昏이니 爾曹는 但常以責人之心으로 責己하고 恕己之心으로 恕人이면 則不患不到聖賢地位也니라

범충선공(范忠宣公)이 자제(子弟)를 경계하여 말하였다. 사람이 비록 지극히 어리석으나 남을 책(責)하는 데는 밝고, 비록 총명함이 있으나 자기를 용서하는 데는 어두우니, 너희들은 다만 항상 남을 책하는 마음으로써 자기를 책하고, 자기를 용서하는 마음으로써 남을 용서한다면 성현(聖賢)의 경지(境地)에 이르지 못함을 근심할 것이 없느니라.

역주 范忠宣 : 중국 북송(北宋) 때의 재상으로, 이름은 순인(純仁)이며 충선(忠宣)은 그의 시호이다. 인종(仁宗) 때의 명신 범중엄(范仲淹)의 둘째 아들이다.

擊 : 칠 격 壤 : 흙덩이 양 將 : 가질 장, 써 장 仲 : 버금 중 尼 : 여승 니
封 : 봉할 봉 侯 : 임금 후 解 : 알 해 使 : 하여금 사 愁 : 근심할 수
范 : 성 범 宣 : 펼 선 戒 : 경계 계 愚 : 어리석을 우 責 : 책할 책
恕 : 용서할 서 曹 : 무리 조 患 : 근심 환 到 : 이를 도 賢 : 어질 현

子曰 聰明思睿라도 守之以愚하고 功被天下라도 守之以讓하고 勇力振世라도 守之以怯하고 富有四海라도 守之以謙이니라

공자가 말씀하였다. 총명하고 생각이 밝더라도 어리석음으로써 지켜야 하고, 공(功)이 천하를 덮을 만하더라도 사양함으로써 지켜야 하고, 용맹이 세상에 떨칠지라도 겁(怯)냄으로써 지켜야 하고, 부유함이 사해(四海)를 소유했다 하더라도 겸손함으로써 지켜야 하느니라.

素書云 薄施厚望者는 不報하고 貴而忘賤者는 不久니라

≪소서(素書)≫에 말하였다. 박하게 베풀고 후하게 바라는 자는 보답받지 못하고, 몸이 귀하게 되고서 천했던 때를 잊는 자는 오래가지 못하느니라.

역주 素書 : 한(漢)나라 때의 황석공(黃石公)이 지은 책으로 그 후 송(宋)나라의 장상영(張商英)이 주(註)를 달았다.

施恩이어든 勿求報하고 與人이어든 勿追悔하라

은혜를 베풀었거든 보답을 구하지 말고, 남에게 주었거든 뒤에 뉘우치지 말라.

孫思邈曰 膽欲大而心欲小하고 智欲圓而行欲方이니라

손사막(孫思邈)이 말하였다. 담력(膽力)은 크고자 하되 마음은 소심하고자 하고, 지혜는 둥글고자 하되 행동은 모나고자 할지니라.

睿 : 밝을 예　被 : 입을 피　勇 : 용맹 용　振 : 떨칠 진　怯 : 겁낼 겁
謙 : 겸손할 겸　素 : 흴 소　薄 : 박할 박　厚 : 두터울 후　與 : 줄 여
悔 : 뉘우칠 회　邈 : 멀 막　膽 : 쓸개 담　圓 : 둥글 원　方 : 모날 방

역주 孫思邈 : 당(唐)나라 때의 명의(名醫)로 ≪천금방(千金方)≫ 93권을 저술하였다.

念念要如臨戰日하고 心心常似過橋時니라

생각과 생각은 요컨대 싸움을 임한 날과 같이 해야 하고, 마음과 마음은 항상 외나무다리를 건널 때와 같이 해야 하느니라.

懼法朝朝樂이요 欺公日日憂니라

법을 두려워하면 아침마다 즐겁고 공(公 : 나라)을 속이면 날마다 근심하느니라.

朱文公曰 守口如甁하고 防意如城하라

주문공(朱文公)이 말하였다. 입을 지키기를 병(甁)과 같이 하고, 뜻을 막기를 성(城)과 같이 하라.

역주 朱文公 : 남송(南宋) 때의 대학자인 주자(朱子)를 일컬은 것이니, 이름은 희(熹)이고 자는 원회(元晦) 또는 중회(仲晦)이며 호는 회암(晦庵), 문공(文公)은 시호이다. 성리학(性理學)을 대성시켰으며 이를 주자학(朱子學)이라 한다. ≪소학(小學)≫, ≪근사록(近思錄)≫, 사서집주(四書集註) 등을 지었다.

心不負人이면 面無慚色이니라

마음에 남을 저버리지 않으면 얼굴에 부끄러운 빛이 없느니라.

人無百歲人이나 枉作千年計니라

사람은 백 살 사는 사람이 없으나 부질없이 천년의 계획을 세우느니라.

寇萊公六悔銘云 官行私曲失時悔요 富不儉

過 : 지날 과 橋 : 다리 교 懼 : 두려울 구 甁 : 병 병 城 : 성 성 負 : 저버릴 부
慚 : 부끄러울 참 枉 : 헛될 왕 寇 : 도둑 구, 성 구 萊 : 쑥 래 銘 : 새길 명

用貧時悔요 藝不少學過時悔요 見事不學用時悔요 醉後狂言醒時悔요 安不將息病時悔니라

〈구래공 육회명(寇萊公六悔銘)〉에 말하였다. 관원은 사사롭고 부정한 일을 행하고는 벼슬을 잃을 때에 뉘우치고, 부자는 검소하게 쓰지 않고는 가난해졌을 때에 뉘우치고, 재주는 젊었을 때에 배우지 않고는 시기가 지났을 때에 뉘우치고, 일을 보고 배우지 않고는 쓸 때에 뉘우치고, 취한 뒤에 미친 말을 하고는 술이 깨었을 때에 뉘우치고, 몸이 편안할 때에 편안히 쉬지 않고는 병들었을 때에 뉘우치느니라.

역주 寇萊公 : 북송(北宋) 진종(眞宗) 때의 재상으로, 성은 구(寇)이고 이름은 준(準)이며 자는 평중(平仲)이다. 내국공(萊國公)에 봉해졌기 때문에 '구래공'이라 불리워졌다.

六悔銘 : 여섯 가지 후회스러운 일을 경계한 글이다.

將息 : 편안히 휴식함을 이른다.

益智書云 寧無事而家貧이언정 莫有事而家富요 寧無事而住茅屋이언정 不有事而住金屋이요 寧無病而食麤飯이언정 不有病而服良藥이니라

≪익지서≫에 말하였다. 차라리 〈나쁜〉 일이 없이 집이 가난할지언정 일이 있으면서 집이 부유하지 말 것이요, 차라리 일이 없이 모옥(茅屋 : 초가집)에 거주할지언정 일이 있으면서 좋은 집에 살지 말 것이요, 차라리 병이 없이 거친 밥을 먹을지언정 병이 있으면서 좋은 약을 먹지 말 것이니라.

心安茅屋穩이요 性定菜羹香이니라

마음이 편안하면 모옥(茅屋)도 편안하고, 성품이 안정되면 나물국도 향기로우니라.

藝 : 재주 예　醉 : 취할 취　狂 : 미칠 광　醒 : 깰 성　將 : 기를 장　息 : 쉴 식
寧 : 차라리 녕　住 : 머무를 주　茅 : 띠 모　屋 : 집 옥　麤 : 거칠 추
飯 : 밥 반　藥 : 약 약　穩 : 편안할 온　菜 : 나물 채　羹 : 국 갱

景行錄云 責人者는 不全交요 自恕者는 不改過니라

≪경행록≫에 말하였다. 남을 꾸짖는 자는 사귐을 온전히 하지 못하고, 자기를 용서하는 자는 허물을 고치지 못하느니라.

夙興夜寐하여 所思忠孝者는 人不知나 天必知之요 飽食煖衣하여 怡然自衛者는 身雖安이나 其如子孫에 何오

아침 일찍 일어나고 밤늦게 자서 충성과 효도를 생각하는 자는 사람들은 알지 못하나 하늘은 반드시 알고, 배부르게 먹고 따뜻하게 입고서 편안하게 제 몸만 보호하는 자는 몸은 비록 편안하나 그 자손에 어찌할꼬.

以愛妻子之心으로 事親이면 則曲盡其孝요 以保富貴之心으로 奉君이면 則無往不忠이요 以責人之心으로 責己면 則寡過요 以恕己之心으로 恕人이면 則全交니라

아내와 자식을 사랑하는 마음으로써 어버이를 섬긴다면 그 효도를 극진히 할 것이요, 부귀를 보전하려는 마음으로써 임금을 받든다면 어느 곳에 가나 충성하지 않음이 없을 것이요, 남을 책하는 마음으로써 자기를 책한다면 허물이 적을 것이요, 자기를 용서하는 마음으로써 남을 용서한다면 사귐을 온전히 할 수 있을 것이다.

爾謀不臧이면 悔之何及이며 爾見不長이면 敎之

夙 : 일찍 숙　興 : 일어날 흥　寐 : 잘 매　飽 : 배부를 포　煖 : 따뜻할 난
怡 : 화할 이　衛 : 호위할 위　親 : 어버이 친　曲 : 곡진할 곡　盡 : 다할 진
奉 : 받들 봉　寡 : 적을 과　交 : 사귈 교　爾 : 너 이　謀 : 꾀 모　臧 : 좋을 장

何益이리오 利心專則背道요 私意確則滅公이니라

네 꾀가 좋지 못하면 후회한들 어찌 미치겠으며, 네 소견이 훌륭하지 못하면 가르친들 무슨 유익함이 있으리오. 이익을 생각하는 마음이 전일(專一)하면 도(道)를 위배하게 되고 사사로운 뜻이 확고하면 공(公)을 멸하게 되느니라.

生事事生이요 省(생)事事省이니라

일을 만들면 일이 생기고, 일을 덜면 일이 덜어지느니라.

戒性篇
(성품을 경계하는 글)

景行錄云 人性이 如水하여 水一傾則不可復이요 性一縱則不可反이니 制水者는 必以提防하고 制性者는 必以禮法이니라

≪경행록≫에 말하였다. 사람의 성품은 물과 같아서 물이 한 번 기울면 회복할 수 없고, 성품이 한 번 방종해지면 돌아올 수 없으니, 물을 제어하려는 자는 반드시 제방으로써 하고, 성품을 제어하려는 자는 반드시 예법으로써 할지니라.

忍一時之忿이면 免百日之憂니라

한때의 분함을 참으면 백날의 근심을 면하느니라.

得忍且忍하고 得戒且戒하라 不忍不戒면 小事成

專 : 오로지 전 背 : 등질 배 省 : 덜 생 傾 : 기울어질 경 復 : 회복할 복
縱 : 풀어놓을 종 反 : 돌아올 반 制 : 억제할 제 堤 : 둑 제 防 : 막을 방
忍 : 참을 인 忿 : 분할 분 免 : 면할 면 且 : 우선 차

大니라

참을 수 있으면 우선 참고, 경계할 수 있으면 우선 경계하라. 참지 않고 경계하지 않으면 작은 일이 크게 되느니라.

愚濁生嗔怒는 皆因理不通이라 休添心上火하고 只作耳邊風하라 長短은 家家有요 炎涼은 處處同이라 是非無實相하여 究竟摠成空이니라

어리석고 똑똑하지 못한 자가 성을 내는 것은 다 이치를 통하지 못하기 때문이다. 마음 위에 화를 더하지 말고 다만 귓전의 바람결로 여겨라. 장점과 단점은 집집마다 있고, 따뜻하고 서늘한 것은 곳곳마다 같으니라. 시비(是非)는 실상(實相)이 없어서 마침내는 모두가 헛것이 되느니라.

子張이 欲行에 辭於夫子할새 願賜一言爲修身之美하노이다 子曰 百行之本이 忍之爲上이니라 子張曰 何爲忍之닛고 子曰 天子忍之면 國無害하고 諸侯忍之면 成其大하고 官吏忍之면 進其位하고 兄弟忍之면 家富貴하고 夫妻忍之면 終其世하고 朋友忍之면 名不廢하고 自身忍之면 無禍害니라

자장(子張)이 떠나고자 하여 부자(夫子 : 공자)께 하직을 고하면서 "한 말로 몸을 닦는데 가장 아름다운 것을 말씀해주시기를 원합니다." 하자, 공자가 말씀하였다. "모든 행실의 근본은 참는 것이 으뜸이 되느니라." 자장이 "어찌하여 참습니까?"

濁 : 흐릴 탁　嗔 : 성낼 진　休 : 말 휴　添 : 더할 첨　邊 : 가 변
炎 : 더울 염　涼 : 서늘할 량　究 : 궁구할 구, 다할 구　摠 : 다 총　張 : 베풀 장
辭 : 하직할 사　賜 : 줄 사　諸 : 모두 제　侯 : 제후 후　吏 : 아전 리
位 : 지위 위　朋 : 벗 붕　廢 : 폐할 폐

하자, 공자가 말씀하였다. "천자(天子)가 참으면 나라에 해가 없고, 제후(諸侯)가 참으면 큰 나라를 이루고, 벼슬아치가 참으면 그 지위가 올라가고, 형제간에 참으면 집안이 부귀해지고, 부부간에 참으면 일생을 마칠 수 있고, 친구간에 참으면 이름이 없어지지 않고, 자신이 참으면 재앙이 없느니라."

역주 子張 : 공자의 제자로, 성은 전손(顓孫)이고 이름은 사(師)이며 자장은 그의 자(字)이다.

子張曰 不忍則如何닛고 **子曰 天子不忍**이면 **國空虛**하고 **諸侯不忍**이면 **喪其軀**하고 **官吏不忍**이면 **刑法誅**하고 **兄弟不忍**이면 **各分居**하고 **夫妻不忍**이면 **令子孤**하고 **朋友不忍**이면 **情意疎**하고 **自身不忍**이면 **患不除**니라 **子張曰 善哉善哉**라 **難忍難忍**이여 **非人不忍**이요 **不忍非人**이로다

자장이 "참지 않으면 어떻게 됩니까?" 하고 묻자, 공자가 말씀하였다. "천자가 참지 않으면 나라가 공허(空虛)하게 되고, 제후가 참지 않으면 그 몸을 잃게 되고, 벼슬아치가 참지 않으면 형법(刑法)에 의하여 죽게 되고, 형제간에 참지 않으면 각각 헤어져서 살게 되고, 부부간에 참지 않으면 자식을 외롭게 하고, 친구간에 참지 않으면 정의가 소원해지고, 자신이 참지 않으면 화가 덜어지지 않느니라." 자장이 말하였다. "참으로 좋고 좋으신 말씀이로다. 참기 어렵고 참기 어려움이여! 사람이 아니면 참지 못하고, 참지 못하면 사람이 아니로다."

景行錄云 屈己者는 **能處重**하고 **好勝者**는 **必遇敵**이니라

虛 : 빌 허　喪 : 잃을 상　軀 : 몸 구　誅 : 벨 주　孤 : 외로울 고　疎 : 성글 소
除 : 덜 제　屈 : 굽힐 굴　勝 : 이길 승　遇 : 만날 우　敵 : 원수 적

≪경행록≫에 말하였다. 자기를 굽히는 자는 중요한 자리에 처할 수 있고, 이기기를 좋아하는 자는 반드시 적(敵)을 만나느니라.

惡人이 **罵善人**커든 **善人**은 **摠不對**하라 **不對**는 **心淸閑**이요 **罵者**는 **口熱沸**니라 **正如人唾天**하여 **還從己身墜**니라

악한 사람이 선한 사람을 꾸짖거든 선한 사람은 모두 대꾸하지 말라. 대꾸하지 않는 사람은 마음이 맑고 한가하고, 꾸짖는 자는 입이 뜨겁게 끓느니라. 마치 사람이 하늘에 침을 뱉으면 도로 자기 몸을 좇아 떨어지는 것과 같으니라.

我若被人罵라도 **佯聾不分說**하라 **譬如火燒空**하여 **不救自然滅**이라 **我心**은 **等虛空**이어늘 **摠爾飜脣舌**이니라

내가 만약 남의 꾸짖음을 당하더라도 거짓 귀먹은 체하고 말을 분간하지 말라. 비유하건대 불이 허공에서 타다가 끄지 않아도 저절로 꺼지는 것과 같으니라. 내 마음은 허공과 같거늘 모두 너의 입술과 혀만 너불거릴 뿐이니라.

凡事에 **留人情**이면 **後來**에 **好相見**이니라

모든 일에 인정을 두면 뒷날 만났을 때에 좋게 서로 보게 되느니라.

罵 : 꾸짖을 매　沸 : 끓을 비　唾 : 침뱉을 타　墜 : 떨어질 추　佯 : 거짓 양
分 : 분별할 분　譬 : 비유할 비　燒 : 불탈 소　救 : 불끌 구　然 : 그럴 연
滅 : 멸할 멸　等 : 같을 등　飜 : 뒤집힐 번　脣 : 입술 순　舌 : 혀 설
留 : 남길 류　情 : 뜻 정

勤學篇
(배움을 부지런히 하는 글)

子夏曰 博學而篤志하고 切問而近思면 仁在其中矣니라

자하가 말하였다. 배우기를 널리 하고 뜻을 돈독히 하며 묻기를 간절히 하고 생각을 가까이 하면 인(仁)이 그 가운데 있느니라.

역주 子夏曰 : 통행본에는 자왈(子曰)로 되어 있는데 ≪논어(論語)≫에 의거하여 바로잡았다.
近思 : 높고 원대한 것을 생각하는 것이 아니라, 가까이 자기 몸에 견주어 생각하는 것이다.

莊子曰 人之不學은 如登天而無術하고 學而智遠이면 如披祥雲而覩青天하고 登高山而望四海니라

장자(莊子)가 말하였다. 사람이 배우지 않음은 하늘에 오르려는데 재주가 없는 것과 같고, 배워서 지혜가 원대해지면 상서(祥瑞)로운 구름을 헤치고 푸른 하늘을 보며 높은 산에 올라 사해(四海)를 바라보는 것과 같으니라.

禮記曰 玉不琢이면 不成器하고 人不學이면 不知道니라

≪예기(禮記)≫에 말하였다. 옥(玉)은 다듬지 않으면 그릇을 이루지 못하고, 사람은 배우지 않으면 도(道)를 알지 못하느니라.

勤 : 부지런할 근　博 : 넓을 박　篤 : 도타울 독　登 : 오를 등　術 : 꾀 술
遠 : 멀 원　披 : 헤칠 피　祥 : 상서 상　覩 : 볼 도　望 : 바랄 망
禮 : 예도 례　琢 : 쪼을 탁　器 : 그릇 기

역주 禮記 : 오경(五經)의 하나로, 대성(戴聖)이 주(周)나라 말기부터 진한(秦漢)시대의 제도와 예법 등을 수록한 책으로, ≪주례(周禮)≫ · ≪의례(儀禮)≫와 함께 삼례(三禮)라고 한다.

太公曰 人生不學이면 冥冥如夜行이니라

태공이 말하였다. 인생이 배우지 않으면 어둡고 어두움이 밤중에 길을 가는 것과 같으니라.

韓文公曰 人不通古今이면 馬牛而襟裾니라

한문공(韓文公)이 말하였다. 사람이 고금(古今)의 일을 통달하지 못하면 마소에 옷을 입혀 놓은 것과 같으니라.

역주 韓文公 : 768~824. 당(唐)나라 덕종(德宗) 때의 학자로, 이름은 유(愈)이고 자는 퇴지(退之)이다. 당송팔대가(唐宋八大家)의 한 사람으로 ≪창려선생집(昌黎先生集)≫이 있다.

朱文公曰 家若貧이라도 不可因貧而廢學이요 家若富라도 不可恃富而怠學이니 貧若勤學이면 可以立身이요 富若勤學이면 名乃光榮이니라 惟見學者顯達이요 不見學者無成이니라 學者는 乃身之寶요 學者는 乃世之珍이니라 是故로 學則乃爲君子요 不學則爲小人이니 後之學者는 宜各勉之니라

주문공(朱文公)이 말하였다. 집이 만약 가난하더라도 가난함으로 인하여 배움을 폐해서는 안 되고, 집이 만약 부유하더라도 부유함을 믿고 배움을 게을리해서는 안 된다. 가난하면서 만약 부지런히 배운다면 입신(立身 : 출세)할 수 있을 것이요, 부유

冥 : 어두울 명　襟 : 옷깃 금　裾 : 옷섶 거　朱 : 붉을 주　廢 : 폐할 폐　恃 : 믿을 시
怠 : 게으를 태　榮 : 영화 영　顯 : 드러날 현　達 : 달할 달　珍 : 보배 진　勉 : 힘쓸 면

하면서 만약 부지런히 배운다면 이름이 더욱 빛날 것이다. 오직 배운 자가 현달함은 보았고, 배운 자가 성취(成就)하지 못하는 것은 보지 못하였다. 배움은 곧 몸의 보배요, 배운 사람은 곧 세상의 보배이니라. 그러므로 배우면 군자(君子)가 되고, 배우지 않으면 소인(小人)이 되니, 후세에 배우는 자들은 마땅히 각각 힘써야 하느니라.

徽宗皇帝曰 學者는 如禾如稻하고 不學者는 如蒿如草로다 如禾如稻兮여 國之精糧이요 世之大寶로다 如蒿如草兮여 耕者憎嫌하고 鋤者煩惱니라 他日面墻에 悔之已老로다

휘종황제(徽宗皇帝)가 말하였다. 배운 자는 곡식과 같고 벼와 같으며, 배우지 않은 자는 쑥과 같고 풀과 같도다. 곡식과 같고 벼와 같음이여! 나라의 좋은 양식이요, 세상의 큰 보배로다. 쑥과 같고 풀과 같음이여! 밭을 가는 자가 미워하고 싫어하며 김매는 자가 괴로워하느니라. 다른 날 담장에 얼굴을 대한 것과 같을 적에 뉘우친들 이미 늙었도다.

역주 徽宗皇帝 : 1082~1135. 북송(北宋)의 황제로, 이름은 조길(趙佶)이다. 서화(書畫)에도 뛰어난 재주가 있었으나 간신 채경(蔡京) 등을 등용하여 정치가 혼란에 빠졌으며, 끝내 금(金)나라 군대에게 사로잡혀가서 죽었다.

面墻 : 얼굴을 담장에 대면 앞으로 나아갈 수도 없고 볼 수도 없기 때문에 아무 일도 하지 못함을 비유한 것이다.

論語曰 學如不及이요 猶恐失之니라

≪논어(論語)≫에 말하였다. 배움은 미치지 못할 듯이 하고 오히려 잃을까 두려워할지니라.

역주 論語 : 사서(四書)의 하나로, 공자(孔子)가 죽은 뒤에 제자들이 그의 행실과 말을 모아 엮은 책으로, 7권 20편으로 되어 있는 유교의 대표적 경전(經典)이다.

徽 : 아름다울 휘　稻 : 벼 도　蒿 : 쑥 호　憎 : 미워할 증　嫌 : 싫어할 혐
鋤 : 호미 서　煩 : 번거로울 번　惱 : 번뇌할 뇌　墻 : 담 장　已 : 이미 이
猶 : 오히려 유　恐 : 두려울 공

訓子篇
(아들을 가르치는 글)

景行錄云 賓客不來면 門戶俗하고 詩書無敎면 子孫愚니라

≪경행록≫에 말하였다. 빈객(賓客 : 손님)이 오지 않으면 문호(門戶 : 가문)가 속되어지고, ≪시경(詩經)≫과 ≪서경(書經)≫을 가르치지 않으면 자손이 어리석어지느니라.

莊子曰 事雖小나 不作이면 不成이요 子雖賢이나 不敎면 不明이니라

장자(莊子)가 말하였다. 일이 비록 작더라도 하지 않으면 이루지 못하고, 자식이 비록 어질더라도 가르치지 않으면 현명하지 못하니라.

漢書云 黃金滿籯이 不如敎子一經이요 賜子千金이 不如敎子一藝니라

≪한서(漢書)≫에 말하였다. 황금(黃金)이 상자에 가득함이 자식에게 한 경서(經書)를 가르치는 것만 같지 못하고, 자식에게 천금(千金)을 물려주는 것이 자식에게 한 가지 기예(技藝)를 가르치는 것만 같지 못하니라.

역주 漢書 : 전한(前漢) 즉 고조(高祖)에서 왕망(王莽)까지 229년 동안의 역사를 기록한 책으로 반표(班彪)가 시작한 것을 반고(班固)가 이루었으며, 그의 누이동생인 반소(班昭)가 완성했다. 모두 120권으로 되어 있다.

賓 : 손 빈 客 : 손 객 俗 : 풍속 속, 속될 속 籯 : 상자 영 賜 : 줄 사
藝 : 재주 예

至樂은 莫如讀書요 至要는 莫如敎子니라

지극히 즐거운 것은 책을 읽는 것 만한 것이 없고, 지극히 중요한 것은 자식을 가르치는 것 만한 것이 없느니라.

呂滎公曰 內無賢父兄하고 外無嚴師友요 而能有成者 鮮矣니라

여형공(呂滎公)이 말하였다. 집안에 어진 부형이 없고 밖에 엄한 스승과 벗이 없으면서 성공이 있는 자는 드무니라.

역주 呂滎公 : 북송(北宋) 때의 학자로, 이름은 희철(希哲)이고 자는 원명(原明)이며, 형국공(滎國公)에 봉해졌으므로 형공이라 칭하였다.

太公曰 男子失敎면 長必頑愚하고 女子失敎면 長必麤疎니라

태공(太公)이 말하였다. 남자가 가르침을 잃으면 장성하여 반드시 완악하고 어리석어지며, 여자가 가르침을 잃으면 장성하여 반드시 거칠고 성기게 되느니라.

男年長大어든 莫習樂酒하고 女年長大어든 莫令遊走하라

남자 나이가 장대(長大)하거든 풍악과 술을 익히지 말도록 하고, 여자 나이가 장대하거든 놀러 다니지 말도록 할지니라.

嚴父는 出孝子하고 嚴母는 出孝女니라

至 : 지극할 지 莫 : 없을 막 要 : 종요로울 요 呂 : 성 려 滎 : 물이름 형
嚴 : 엄할 엄 鮮 : 드물 선 頑 : 완악할 완 麤 : 거칠 추 疎 : 성글 소
莫 : 말 막 習 : 익힐 습 樂 : 풍류 악 令 : 하여금 령 遊 : 놀 유 走 : 달릴 주

엄한 아버지는 효자를 길러내고, 엄한 어머니는 효녀를 길러내느니라.

憐兒어든 **多與棒**하고 **憎兒**어든 **多與食**하라

아이를 사랑하거든 매를 많이 주고, 아이를 미워하거든 밥을 많이 주라.

人皆愛珠玉이나 **我愛子孫賢**이니라

남은 모두 주옥(珠玉)을 사랑하지만, 나는 자손이 어진 것을 사랑하느니라.

省心篇 上
(마음을 살피는 글 상편)

景行錄云 寶貨는 **用之有盡**이요 **忠孝**는 **享之無窮**이니라

≪경행록≫에 말하였다. 보화(寶貨)는 쓰면 다함이 있고, 충성과 효도는 누려도 다함이 없느니라.

家和貧也好어니와 **不義(誼)富如何**오 **但存一子孝**니 **何用子孫多**리오

집안이 화목하면 가난해도 좋거니와 정의(情誼)가 좋지 않다면 부유한들 무엇하리오. 다만 한 자식이라도 효도하는 자를 둘 것이니, 자손이 많음을 어디다 쓰리오.

父不憂心因子孝요 **夫無煩惱是妻賢**이라 **言多**

憐 : 사랑할 련 與 : 줄 여 棒 : 몽둥이 봉 憎 : 미워할 증 珠 : 구슬 주
貨 : 재물 화 盡 : 다할 진 享 : 누릴 향 窮 : 다할 궁 和 : 화할 화
憂 : 근심 우 煩 : 번거로울 번 惱 : 번뇌할 뇌

語失皆因酒요 義斷親疎只爲錢이니라

아버지가 마음에 근심하지 않음은 자식이 효도하기 때문이요, 남편이 번뇌가 없음은 아내가 어질기 때문이니라. 말이 많고 말을 실수함은 모두 술 때문이요, 의(義)가 끊어지고 친함이 소원(疏遠)해짐은 다만 돈 때문이니라.

旣取非常樂이어든 須防不測憂니라

이미 평범치 않은 즐거움을 취했거든 모름지기 헤아릴 수 없는 근심을 방비할지니라.

得寵思辱하고 居安慮危니라

영예(榮譽)를 얻거든 욕됨을 생각하고, 편안함에 거(居)하거든 위태함을 생각할지니라.

榮輕辱淺하고 利重害深이니라

영화가 가벼우면 욕됨이 얕고, 이(利)가 무거우면 해(害)도 깊으니라.

甚愛必甚費요 甚譽必甚毁요 甚喜必甚憂요 甚藏必甚亡이니라

심히 아끼면 반드시 심히 허비하고, 심히 칭찬하면 반드시 심히 헐뜯고, 심히 기뻐하면 반드시 심히 근심하고, 〈보화를〉 심히 보관하면 반드시 심히 잃느니라.

역주 甚愛必甚費 甚藏必甚亡 : 이 글의 출전(出典)은 분명치 않으나 노자(老子)의 ≪도덕경(道德經)≫에 "名與身孰親 身與貨孰多 得與亡孰病 是故甚愛必大費 多藏必厚亡"이라고 보이는데, 이는 '명예를 너무 좋아하면 반드시 마음을 크게 허비하고,

---

斷 : 끊을 단 錢 : 돈 전 須 : 모름지기 수 測 : 헤아릴 측
寵 : 사랑할 총, 영광스러울 총 辱 : 욕될 욕 慮 : 생각할 려 危 : 위태할 위
輕 : 가벼울 경 淺 : 얕을 천 深 : 깊을 심 費 : 허비할 비 譽 : 기릴 예
毁 : 훼방할 훼 藏 : 감출 장

재물을 너무 좋아하면 몸을 크게 망친다.'는 뜻이다. 그러나 원본에는 甚藏必甚亡으로 되어 있어, 이는 '심히 아끼면 반드시 심히 허비하고……심히 탐욕을 부리면 반드시 심히 잃는다.'는 뜻으로 해석한 듯하다.

子曰 不觀高崖면 何以知顚墜之患이며 不臨深泉이면 何以知沒溺之患이며 不觀巨海면 何以知風波之患이리오

공자가 말씀하였다. 높은 벼랑을 보지 않으면 어찌 굴러 떨어지는 환난(患難)을 알며, 깊은 샘에 임하지 않으면 어찌 빠져 죽는 환난을 알며, 큰 바다를 보지 않으면 어찌 풍파의 환난을 알리오.

欲知未來인대 先察已然이니라

미래(未來)를 알려거든 먼저 지나간 일을 살필지니라.

子曰 明鏡은 所以察形이요 往古는 所以知今이니라

공자가 말씀하였다. 밝은 거울은 얼굴을 살피는 것이요, 지나간 일은 현재를 아는 것이니라.

過去事는 明如鏡이요 未來事는 暗似漆이니라

지나간 일은 밝기가 거울과 같고, 미래의 일은 어둡기가 칠흑(漆黑)과 같으니라.

景行錄云 明朝之事를 薄暮에 不可必이요 薄暮之事를 晡時에 不可必이니라

崖：언덕 애 顚：엎어질 전 墜：떨어질 추 臨：임할 림 沒：빠질 몰 溺：빠질 닉
患：근심 환 巨：클 거 察：살필 찰 鏡：거울 경 往：갈 왕 似：같을 사
漆：옻 칠 薄：얇을 박 暮：어두울 모 必：기필할 필 晡：신시(申時) 포

≪경행록≫에 말하였다. 내일 아침의 일을 저녁 때에 기필(期必)하지 못하고, 저녁 때의 일을 포시(晡時 : 오후 4시)에 기필(期必)하지 못하느니라.

天有不測風雨하고 人有朝夕禍福이니라

하늘에는 예측할 수 없는 바람과 비가 있고, 사람에게는 아침저녁으로 화(禍)와 복(福)이 있느니라.

未歸三尺土하여는 難保百年身이요 已歸三尺土하여는 難保百年墳이니라

석 자의 흙 속(무덤 속)으로 돌아가기 전에는 백 년의 몸을 보전하기 어렵고, 이미 석 자의 흙 속으로 돌아간 뒤에는 백 년 동안 무덤을 보전하기 어려우니라.

景行錄云 木有所養이면 則根本固而枝葉茂하여 棟樑之材成하고 水有所養이면 則泉源壯而流派長하여 灌漑之利博하고 人有所養이면 則志氣大而識見明하여 忠義之士出이니 可不養哉아

≪경행록≫에 말하였다. 나무는 기르는 바가 있으면 뿌리가 튼튼하고 가지와 잎이 무성해서 동량(棟樑)의 재목을 이루고, 물은 기르는 바가 있으면〔水有所養〕 샘의 근원이 힘차고 물줄기가 길어서 관개(灌漑)의 이익이 넓고, 사람은 기르는 바가 있으면 지기(志氣)가 크고 식견이 밝아져서 충의(忠義)의 선비가 나오니, 어찌 기르지 않겠는가.

역주 水有所養 : 수원(水源)을 잘 보존하고 발굴함을 뜻한다.

歸 : 돌아갈 귀　墳 : 무덤 분　根 : 뿌리 근　固 : 굳을 고　枝 : 가지 지
茂 : 성할 무　棟 : 기둥 동　樑 : 들보 량　源 : 근원 원
派 : 물줄기 파　灌 : 물댈 관　漑 : 물댈 개　博 : 넓을 박

自信者는 人亦信之하여 吳越이 皆兄弟요 自疑者는 人亦疑之하여 身外에 皆敵國이니라

스스로 믿는 자는 남도 또한 믿어서 오(吳)나라와 월(越)나라 같은 적국 사이라도 모두 형제와 같이 될 수 있고, 스스로 의심하는 자는 남도 또한 의심하여 자기 이외에는 모두 적국이 되느니라.

疑人莫用하고 用人勿疑니라

사람을 의심하거든 쓰지 말고, 사람을 쓰거든 의심하지 말지니라.

諷諫云 水底魚天邊雁은 高可射兮低可釣어니와 惟有人心咫尺間에 咫尺人心不可料니라

≪풍간(諷諫)≫에 말하였다. 물 밑의 고기와 하늘가의 기러기는 높이 하늘에 있는 것은 쏘아 잡고, 낮게 물속에 있는 것은 낚을 수 있거니와, 오직 사람의 마음은 바로 지척간에 있어도 지척간에 있는 사람의 마음은 헤아릴 수 없느니라.

역주 諷諫 : 사람을 풍자하여 간하는 내용인데, 자세한 것은 분명치 않다.

畫虎畫皮難畫骨이요 知人知面不知心이니라

범을 그리되 가죽은 그릴 수 있으나 뼈는 그리기 어렵고, 사람을 알되 얼굴은 알지만 마음은 알지 못하느니라.

對面共話하되 心隔千山이니라

얼굴을 맞대고 함께 이야기하되 마음은 천산(天山)을 격(隔)해 있느니라.

吳 : 나라 오　越 : 나라 월　疑 : 의심 의　諷 : 풍자할 풍　諫 : 간할 간　底 : 밑 저
邊 : 가 변　雁 : 기러기 안　射 : 쏠 사　釣 : 낚시질할 조　咫 : 지척 지　尺 : 자 척
料 : 헤아릴 료　畫 : 그림 화　皮 : 가죽 피　骨 : 뼈 골　話 : 말씀 화　隔 : 막힐 격

海枯終見底나 人死不知心이니라

바다는 마르면 마침내 그 밑바닥을 볼 수 있으나, 사람은 죽어도 그 마음을 알지 못하느니라.

太公曰 凡人은 不可逆相이요 海水는 不可斗量이니라

태공이 말하였다. 무릇 사람은 미리 점칠 수 없고, 바닷물은 말〔斗〕로 헤아릴 수 없느니라.

역주 逆相 : 역(逆)은 '미리'의 뜻이며, 상(相)은 '관찰'함을 뜻한다.

景行錄云 結怨於人을 謂之種禍요 捨善不爲를 謂之自賊이니라

≪경행록≫에 말하였다. 남과 원수를 맺는 것을 재화(災禍)의 씨를 심는다 이르고, 선(善)을 버리고 하지 않는 것을 스스로를 해친다 이르느니라.

若聽一面說이면 便見相離別이니라

만약 한 편의 말만 들으면 곧 서로 이별함을 볼 것이니라.

飽煖엔 思淫慾하고 飢寒엔 發道心이니라

배부르고 따뜻함엔 음욕(淫慾)을 생각하고, 굶주리고 추움엔 도심(道心)을 발하느니라.

枯 : 마를 고 底 : 밑 저 逆 : 미리 역 相 : 상볼 상 斗 : 말 두
量 : 헤아릴 량 怨 : 원망할 원 謂 : 이를 위 種 : 심을 종 捨 : 놓을 사
賊 : 해칠 적 聽 : 들을 청 說 : 말씀 설 便 : 곧 변 離 : 떠날 리
飽 : 배부를 포 煖 : 따뜻할 난 淫 : 음란할 음 飢 : 주릴 기

疏廣曰 賢而多財則損其志하고 愚而多財則益其過니라

소광(疏廣)이 말하였다. 어질면서 재물이 많으면 그 뜻을 손상하고, 어리석으면서 재물이 많으면 그 허물을 더하느니라.

역주 疏廣 : 한(漢)나라 때 사람으로 자는 중옹(仲翁)이다.

人貧智短하고 福至心靈이니라

사람이 가난하면 지혜가 짧아지고, 복이 이르면 마음이 영통(靈通)해지느니라.

不經一事면 不長一智니라

한 가지 일을 겪지 않으면 한 가지 지혜가 자라지 않느니라.

是非終日有라도 不聽自然無니라

시비(是非)가 종일토록 있더라도 듣지 않으면 자연히 없어지느니라.

來說是非者는 便是是非人이니라

와서 시비(是非)를 말하는 자는 이가 곧 시비하는 사람이니라.

擊壤詩云 平生에 不作皺眉事하면 世上에 應無切齒人이라 大名을 豈有鐫頑石가 路上行人이 口勝碑니라

疏 : 글 소, 성 소 財 : 재물 재 靈 : 신령 령 經 : 지날 경
便 : 곧 변, 문득 변 皺 : 찌푸릴 추 眉 : 눈썹 미 切 : 갈 절 齒 : 이빨 치
鐫 : 새길 전 頑 : 완악할 완 勝 : 나을 승 碑 : 비석 비

≪격양시≫에 말하였다. 평소에 눈썹 찌푸릴 일을 하지 않으면 세상에 응당 이를 갈 사람이 없으리라. 큰 이름을 어찌 큰 돌에 새길 것이 있겠는가. 길 가는 사람의 입이 비석(碑石)보다 나으니라.

有麝自然香이니 **何必當風立**고

사향(麝香)이 있으면 자연히 향기로우니, 어찌 반드시 바람을 향하여 서겠는가.

有福莫享盡하라 **福盡身貧窮**이요 **有勢莫使盡**하라 **勢盡冤相逢**이니라 **福兮常自惜**하고 **勢兮常自恭**하라 **人生驕與侈**는 **有始多無終**이니라

복이 있어도 누리기를 다하지 말라. 복이 다하면 몸이 빈궁해질 것이요, 권세가 있어도 부리기를 다하지 말라. 권세가 다하면 원수와 서로 만나느니라. 복이 있거든 항상 스스로 아끼고, 권세가 있거든 항상 스스로 공손하라. 인생의 교만과 사치는 처음은 있으나 종말이 없는 경우가 많으니라.

王參政四留銘曰 留有餘不盡之巧하여 **以還造物**하고 **留有餘不盡之祿**하여 **以還朝廷**하고 **留有餘不盡之財**하여 **以還百姓**하고 **留有餘不盡之福**하여 **以還子孫**이니라

≪왕참정 사류명(王參政四留銘)≫에 말하였다. 남음이 있고 다하지 않는 재주를 남겨두어 조물주에 돌려주고, 남음이 있고 다하지 않는 봉록(俸祿)을 남겨두어 조정에 돌려주고, 남음이 있고 다하지 않는 재물을 남겨두어 백성에게 돌려주고, 남음이 있고 다하지 않는 복을 남겨두어 자손에게 돌려줄지니라.

麝 : 사향노루 사　享 : 누릴 향　冤 : 원통할 원　逢 : 만날 봉　驕 : 교만할 교
侈 : 사치 치　參 : 참여할 참　留 : 남길 류　銘 : 새길 명　巧 : 재주 교
還 : 돌아올 환　祿 : 녹 록　廷 : 조정 정

역주 王參政 : 이름은 단(旦)이며, 북송(北宋) 진종(眞宗) 때의 명재상이다.

黃金千兩이 未爲貴요 得人一語가 勝千金이니라

황금 천 냥이 귀한 것이 아니요, 사람의 좋은 말 한 마디를 얻는 것이 천금(千金)보다 나으니라.

巧者는 拙之奴요 苦者는 樂之母니라

재주 있는 자는 재주 없는 이의 종이요, 괴로움은 즐거움의 어머니이니라.

小船은 難堪重載요 深逕은 不宜獨行이니라

작은 배는 무겁게 싣는 것을 견디기 어렵고, 깊은(으슥한) 길은 혼자 다니기에 마땅치 않으니라.

黃金이 未是貴요 安樂이 値錢多니라

황금이 귀한 것이 아니요, 편안하고 즐거움이 돈보다 값어치가 많으니라.

在家에 不會邀賓客이면 出外에 方知少主人이니라

집에 있을 때에 손님을 맞이할 줄 알지 못하면 밖에 나가서야 바야흐로 주인이 적은 줄을 아느니라.

貧居鬧市無相識이요 富住深山有遠親이니라

가난하면 번화한 시장거리에 살아도 서로 아는 이가 없고, 부유하면 깊은 산중에 살아도 먼 데서 찾아오는 친구가 있느니라.

拙 : 옹졸할 졸 奴 : 종 노 苦 : 괴로울 고 船 : 배 선 堪 : 견딜 감
載 : 실을 재 逕 : 길 경 獨 : 홀로 독 値 : 값 치 會 : 알 회, 능할 회
邀 : 맞을 요 賓 : 손 빈 鬧 : 떠들 뇨 市 : 저자 시

人義는 盡從貧處斷이요 世情은 便向有錢家니라

사람의 의리는 다 가난한 데로부터 끊어지고, 세상의 인정은 곧 돈 있는 집으로 향하느니라.

寧塞無底缸이언정 難塞鼻下橫이니라

차라리 밑 빠진 항아리는 막을 수 있을지언정 코 아래 가로 놓인 것(입)은 막기 어려우니라.

人情은 皆爲窘中疎니라

사람의 정분은 다 군색한 가운데서 소원하게 되느니라.

史記曰 郊天禮廟는 非酒不享이요 君臣朋友는 非酒不義요 鬪爭相和는 非酒不勸이라 故로 酒有成敗而不可泛飮之니라

≪사기(史記)≫에 말하였다. 하늘에 제사하고 사당에 제례올림에는 술이 아니면 제향을 올리지 못하고, 임금과 신하, 벗과 벗 사이에는 술이 아니면 정의(情誼)가 두터워지지 못하고, 싸움을 하고 서로 화해함은 술이 아니면 권하지 못한다. 그러므로 술은 성공과 실패가 있어 함부로 마시지 못하느니라.

역주 史記 : 한(漢)나라의 사마천(司馬遷)이 황제(黃帝)로부터 한나라 무제(武帝) 때까지 약 3,000년간의 역사를 기록한 책이다.

子曰 士志於道而恥惡衣惡食者는 未足與議也니라

便 : 곧 변　塞 : 막을 색　缸 : 항아리 항　鼻 : 코 비　橫 : 가로 횡　窘 : 군색할 군
疎 : 성글 소　郊 : 교제사 교　廟 : 사당 묘　鬪 : 싸울 투　爭 : 다툴 쟁　敗 : 패할 패
泛 : 범범할 범　恥 : 부끄러울 치　議 : 의논할 의

공자가 말씀하였다. 선비가 도(道)에 뜻을 두면서 나쁜 옷과 나쁜 음식을 부끄러워하는 자는 족히 더불어 의논할 수 없느니라.

荀子曰 士有妬友則賢交不親하고 君有妬臣則賢人不至니라

순자(荀子)가 말하였다. 선비가 질투하는 벗이 있으면 어진 벗과 친하지 못하고, 임금이 질투하는 신하가 있으면 어진 사람이 오지 않느니라.

天不生無祿之人하고 地不長無名之草니라

하늘은 녹 없는 사람을 내지 않고, 땅은 이름 없는 풀을 기르지 않느니라.

大富는 由天하고 小富는 由勤이니라

큰 부자는 하늘에 달려 있고, 작은 부자는 부지런한 데 달려 있느니라.

成家之兒는 惜糞如金하고 敗家之兒는 用金如糞이니라

집안을 이루는 아이는 똥을 아끼기를 금과 같이 〈귀하게〉 여기고, 집안을 망치는 아이는 돈을 쓰기를 똥과 같이 〈천하게〉 여기느니라.

康節邵先生曰 閑居에 愼勿說無妨하라 纔說無妨便有妨이니라 爽口物多能作疾이요 快心事過必有殃이라 與其病後能服藥으론 不若病前能自防이니라

荀 : 성 순 妬 : 투기할 투 交 : 벗 교 祿 : 녹 록 長 : 기를 장 由 : 말미암을 유
惜 : 아낄 석 糞 : 똥 분 愼 : 삼갈 신 妨 : 해로울 방 纔 : 겨우 재 爽 : 상쾌할 상
過 : 지나칠 과 殃 : 재앙 앙

강절 소선생이 말하였다. 한가롭게 살 때에 삼가 해로움이 없다고 말하지 말라. 겨우(조금 전에) 해로움이 없다고 말했는데 문득 해로움이 있느니라. 입에 상쾌한 물건이 많으면 병을 일으키고, 마음에 상쾌한 일이 지나치면 반드시 재앙이 있느니라. 병이 난 후에 약을 먹는 것보다는 병이 나기 전에 스스로 막는 것만 같지 못하니라.

梓潼帝君垂訓曰 妙藥도 難醫冤債病이요 橫財는 不富命窮人이라 生事事生을 君莫怨하고 害人人害를 汝休嗔하라 天地自然皆有報하니 遠在兒孫近在身이니라

≪재동제군 수훈(梓潼帝君垂訓)≫에 말하였다. 신묘한 약도 원한에 사무친 병은 고치기 어렵고, 뜻밖의 횡재는 운명이 궁한 사람을 부자로 만들지 않느니라. 일을 내면 일이 생기는 것을 그대는 원망하지 말고, 남을 해치면 남이 해치는 것을 너는 꾸짖지 말라. 천지는 자연히 모두 갚음이 있으니, 〈그 보답이〉 멀면 자손에게 있고 가까우면 자기 몸에 있느니라.

역주 梓潼帝君 : 도가(道家)에 속하는 인물이나 자세하지 않다.
冤債病 : 잘못을 저지른 데 따른 업보(業報)로 생긴 병을 뜻한다.

花落花開開又落하고 錦衣布衣更(경)換着이라 豪家도 未必常富貴요 貧家도 未必長寂寞이라 扶人에 未必上青霄요 推人에 未必塡溝壑이라 勸君凡事를 莫怨天하라 天意於人에 無厚薄이니라

梓 : 가래나무 재 潼 : 물이름 동 妙 : 묘할 묘 醫 : 의원 의, 고칠 의
債 : 빚 채 窮 : 궁핍할 궁 嗔 : 성낼 진 錦 : 비단 금 布 : 베 포 更 : 번갈아 경
換 : 바꿀 환 着 : 입을 착 寂 : 고요할 적 寞 : 고요할 막 扶 : 붙들 부
霄 : 하늘 소 推 : 밀 퇴 塡 : 메울 전 溝 : 도랑 구 壑 : 구렁 학 厚 : 후할 후

꽃이 졌다 꽃이 피고 피었다 또 지며, 비단 옷과 삼베옷을 교대로 바꿔 입느니라. 호화로운 집도 반드시 언제나 부귀하지는 못하고, 가난한 집도 반드시 장구하게 적막하지는 않느니라. 사람을 붙들어줘도 반드시 푸른 하늘에 오르지는 못하고, 사람을 밀어도 반드시 깊은 구렁에 떨어지지는 않느니라. 그대에게 권하노니, 모든 일을 하늘을 원망하지 말라. 하늘의 뜻은 사람에게 후하고 박함이 없느니라.

堪歎人心毒似蛇라 雖知天眼轉如車오 去年妄取東隣物터니 今日還歸北舍家라 無義錢財는 湯潑雪이요 儻來田地는 水推沙라 若將狡譎爲生計면 恰似朝開暮落花니라

사람의 마음이 독하기가 뱀과 같음을 한탄할 만하다. 누가 하늘의 눈이 수레바퀴처럼 돌아가고 있음을 알리오. 지난해에 망령되이 동쪽 이웃의 물건을 취했더니 오늘에 다시 북쪽 집으로 돌아가는구나. 의롭지 못하게 취한 돈과 재물은 끓는 물에 눈을 뿌리는 것과 같이 없어지고, 뜻밖에 오는 전답(田畓)은 물살이 모래에 미는 것과 같으니라. 만약 교활함과 속임수를 가지고 생계를 삼는다면 아침에는 피었다가 저녁에 떨어지는 꽃과 흡사하니라.

역주 儻來 : 예상하지 않았는데 저절로 이르는 것. 곧 순리대로 옴을 뜻한다.
朝開暮落花 : 통행본에는 '朝雲暮落花'로 되어 있다.

無藥可醫卿相壽요 有錢難買子孫賢이니라

약으로도 재상의 목숨을 고칠 수 없고, 돈으로도 자손의 어짊은 사기 어려우니라.

一日淸閑이면 一日仙이니라

하루 동안 마음이 깨끗하고 한가하면 하루 동안 신선이니라.

堪 : 견딜 감 毒 : 독할 독 蛇 : 뱀 사 轉 : 구를 전 隣 : 이웃 린 湯 : 끓을 탕
潑 : 뿌릴 발 儻 : 진실로 당, 혹시 당 狡 : 간교할 교 譎 : 속일 휼 恰 : 같을 흡
醫 : 고칠 의 卿 : 벼슬 경 相 : 정승 상 壽 : 목숨 수 買 : 살 매 閑 : 한가할 한

省心篇 下
(마음을 살피는 글 하편)

眞宗皇帝御製曰 知危識險이면 終無羅網之門이요 擧善薦賢이면 自有安身之路라 施仁布德은 乃世代之榮昌이요 懷妬報冤은 與子孫之爲患이라 損人利己면 終無顯達雲仍이요 害衆成家면 豈有長久富貴리오 改名異體는 皆因巧語而生이요 禍起傷身은 皆是不仁之召니라

≪진종황제 어제(眞宗皇帝御製)≫에 말하였다. 위태함을 알고 험한 것을 알면 마침내 그물에 걸리는 일이 없을 것이요, 선한 사람을 들어 쓰고 어진 사람을 천거하면 스스로 몸을 편안히 할 길이 있느니라. 인(仁)을 베풀고 덕(德)을 폄은 대대(代代)로 영화롭고 창성할 것이요, 시기하는 마음을 품고 원한에 보복함은 자손에게 위태로움과 화를 끼쳐주는 것이니라. 남을 해롭게 해서 자기를 이롭게 한다면 마침내 현달한 운잉(雲仍 : 자손)이 없을 것이요, 뭇사람을 해롭게 해서 집안을 이룬다면 어찌 장구한 부귀(富貴)가 있겠는가. 이름을 고치고 몸을 달리함은 모두 교묘한 말로 말미암아 생겨나고, 재앙이 일어나고 몸을 상하게 됨은 다 어질지 못함이 부르는 것이니라.

역주 眞宗皇帝 : 968~1022. 북송(北宋)의 제3대 황제이다.
御製 : 제왕이 스스로 지은 글을 가리킨다.
羅網之門 : 라(羅)는 리(罹 : 걸림)로 되어야 할 듯하나, 라(羅)에도 '그물'의 뜻이 있으므로 그대로 두고 해석에만 '그물에 걸리다'로 풀이하였다.

御 : 모실 어　製 : 지을 제　危 : 위태로울 위　險 : 험할 험　羅 : 그물 라
網 : 그물 망　薦 : 천거할 천　布 : 펼 포　懷 : 품을 회　妬 : 투기할 투
仍 : 인할 잉, 거듭 잉　異 : 다를 이　巧 : 공교할 교

神宗皇帝御製曰 遠非道之財하고 戒過度之酒하며 居必擇隣하고 交必擇友하며 嫉妬를 勿起於心하고 讒言을 勿宣於口하며 骨肉貧者를 莫疎하고 他人富者를 莫厚하며 克己는 以勤儉爲先하고 愛衆은 以謙和爲首하며 常思已往之非하고 每念未來之咎하라 若依朕之斯言이면 治家國而可久니라

≪신종황제 어제(神宗皇帝御製)≫에 말하였다. 도(道)가 아닌 재물을 멀리하고 도(度)에 지나친 술을 경계하며, 거주할 때에는 반드시 이웃을 가리고, 벗을 사귈 때에는 반드시 벗을 가리며, 남을 질투하는 마음을 마음에 일으키지 말고, 남을 헐뜯는 말을 입에서 내지 말며, 골육(骨肉 : 同氣間)의 가난한 자를 소원히 하지 말고, 타인의 부유한 자를 후대하지 말며, 자기의 사욕을 극복함은 부지런함과 검소함을 첫째로 삼고, 사람을 사랑함은 겸손함과 온화함을 첫째로 삼으며, 항상 지나간 잘못을 생각하고, 매양 미래의 허물을 생각하라. 만약 나의 이 말에 의거하면 집안과 나라를 다스림에 오래갈 수 있을 것이다.

역주 神宗皇帝 : 1048~1085. 북송(北宋)의 제6대 황제이다.

高宗皇帝御製曰 一星之火도 能燒萬頃之薪하고 半句非言도 誤損平生之德이라 身被一縷나 常思織女之勞하고 日食三飱이나 每念農夫之苦하라 苟貪妬損이면 終無十載安康이요 積善存仁이면 必有榮華後裔니라 福緣善慶은 多因積行而

度 : 법도 도　擇 : 가릴 택　嫉 : 투기할 질　讒 : 참소할 참　咎 : 허물 구
朕 : 나 짐　斯 : 이 사　燒 : 불사를 소　頃 : 이랑 경　薪 : 섶 신　誤 : 그르칠 오
被 : 입을 피　縷 : 실오라기 루　織 : 짤 직　飱 : 저녁밥 손　苟 : 구차할 구
載 : 해 재　康 : 편안할 강　華 : 빛날 화　裔 : 후손 예　緣 : 인연 연

生이요 入聖超凡은 盡是眞實而得이니라

≪고종황제 어제(高宗皇帝御製)≫에 말하였다. 한 별만한 불씨도 능히 만경(萬頃)의 섶을 불태우고, 반 마디 그릇된 말도 평생의 덕(德)을 그르치고 훼손하느니라. 몸에 한 오라기의 실을 걸쳐도 항상 베 짜는 여자의 수고로움을 생각하고, 하루에 세 끼의 밥을 먹어도 매양 농부(農夫)의 괴로움을 생각하라. 구차히 탐내고 시기하여 남에게 손해를 끼치면 마침내 10년간의 편안함도 없을 것이요, 선(善)을 쌓고 인(仁)을 보존하면 반드시 영화로운 후손(後孫)이 있으리라. 복(福)은 선경(善慶)을 인연하니 이는 선행(善行)을 많이 쌓음으로 인하여 생겨나고, 성인의 경지에 들어가고 범인(凡人)을 뛰어넘는 것은 다 진실함으로써 얻어지는 것이니라.

역주 高宗皇帝 : 1107~1187. 남송(南宋)의 초대 황제이다.
福緣善慶 : 선경(善慶)은 ≪주역(周易)≫의 '積善之家 必有餘慶'에서 나온 말로, 복은 많은 선행을 쌓음에서 연유함을 뜻한다.

王良曰 欲知其君인대 先視其臣하고 欲識其人인대 先視其友하고 欲知其父인대 先視其子하라 君聖臣忠하고 父慈子孝니라

왕량(王良)이 말하였다. 그 임금을 알려고 할진댄 먼저 그 신하를 보고, 그 사람을 알려고 할진댄 먼저 그 벗을 보고, 그 아비를 알려고 할진댄 먼저 그 자식을 보라. 임금이 성스러우면 신하가 충성하고, 아비가 사랑하면 자식이 효도하느니라.

역주 王良 : 춘추시대(春秋時代) 진(晉)나라 사람이다.

家語云 水至淸則無魚하고 人至察則無徒니라

≪가어(家語)≫에 말하였다. 물이 지극히 맑으면 고기가 없고, 사람이 지극히 살피면 친구가 없느니라.

超 : 뛰어넘을 초 盡 : 다할 진 欲 : 하고자할 욕 慈 : 사랑할 자 至 : 지극할 지
淸 : 맑을 청 察 : 살필 찰 徒 : 무리 도

역주 家語 : ≪공자가어(孔子家語)≫를 말하며, 공자의 언행과 세상에 드러나지 않은 사실 들을 모은 책으로 현재 전하는 것은 10권이다.

許敬宗曰 春雨如膏나 行人은 惡(오)其泥濘하고 秋月揚輝나 盜者는 憎其照鑑이니라

허경종(許敬宗)이 말하였다. 봄비가 기름과 같으나 길가는 사람은 그 진창을 싫어하고, 가을달이 밝은 빛을 드날리나 도둑질하는 자는 그 밝게 비추는 것을 싫어하느니라.

역주 許敬宗 : 당(唐)나라 때의 정치가로, 자는 연족(延族)이다.

景行錄云 大丈夫見善明故로 重名節於泰山하고 用心精故로 輕死生於鴻毛니라

≪경행록≫에 말하였다. 대장부는 선을 보는 것이 밝으므로 명분과 절의(節義)를 태산보다 중하게 여기고, 마음을 쓰는 것이 정(精)하므로 죽고 사는 것을 기러기 털보다 가볍게 여기느니라.

悶人之凶하고 樂人之善하며 濟人之急하고 救人之危니라

남의 흉한 것을 민망히 여기고, 남의 선한 것을 즐거워하며, 남의 급한 것을 구제하고, 남의 위태함을 구제하여야 하느니라.

經目之事도 恐未皆眞이어늘 背後之言을 豈足深信이리오

膏 : 기름 고　泥 : 진흙 니　濘 : 진흙 녕　揚 : 날릴 양　輝 : 빛날 휘　照 : 비칠 조
鑑 : 거울 감　泰 : 클 태　鴻 : 기러기 홍　悶 : 민망할 민　凶 : 흉할 흉
濟 : 건질 제　救 : 구원할 구　經 : 지날 경　恐 : 두려울 공　豈 : 어찌 기

직접 눈으로 경험한 일도 모두 참되지 아니할까 두렵거늘 등 뒤의 말을 어찌 족히 깊이 믿으리오.

不恨自家汲繩短하고 只恨他家苦井深이로다

자기 집 두레박 줄이 짧은 것은 한하지 않고, 남의 집 우물이 깊은 것만 한하느니라.

贓濫이 滿天下하되 罪拘薄福人이니라

부정하게 재물을 취하는 사람이 천하에 가득하되 죄(罪)는 복이 적은 사람에게 걸리느니라.

天若改常이면 不風則雨요 人若改常이면 不病則死니라

하늘이 만약 상도(常道)를 변하면 바람 불지 않으면 비가 오고, 사람이 만약 상도(常道)를 변하면 병들지 않으면 죽느니라.

壯元詩云 國正天心順이요 官淸民自安이라 妻賢夫禍少요 子孝父心寬이니라

〈장원시(壯元詩)〉에 말하였다. 나라가 바르면 천심(天心)이 순하고, 관원이 청렴하면 백성이 저절로 편안하느니라. 아내가 어질면 남편의 화(禍)가 적고, 자식이 효도하면 아버지의 마음이 너그러워지느니라.

子曰 木從繩則直하고 人受諫則聖이니라

공자가 말씀하였다. 나무는 먹줄을 좇으면 곧아지고, 사람은 간(諫)함을 받아들

汲 : 물길을 급　繩 : 노끈 승　恨 : 한할 한　井 : 우물 정　贓 : 장물 장
濫 : 넘칠 람　罪 : 허물 죄　拘 : 잡힐 구　薄 : 엷을 박　常 : 떳떳할 상
寬 : 너그러울 관　從 : 좇을 종　繩 : 먹줄 승　諫 : 간할 간

이면 성스러워지느니라.

一派青山景色幽러니 前人田土後人收라 後人收得莫歡喜하라 更有收人在後頭니라

한 줄기 푸른 산에 경치가 그윽하더니 앞사람이 가꾸던 밭과 토지를 뒷사람이 거두는구나. 뒷사람은 거두어 얻는 것을 기뻐하지 말라. 다시 거둘 사람이 뒷머리에 있느니라.

蘇東坡曰 無故而得千金이면 不有大福이라 必有大禍니라

소동파(蘇東坡)가 말하였다. 까닭 없이 천금을 얻으면 큰 복이 있는 것이 아니라, 반드시 큰 재앙이 있느니라.

역주 蘇東坡 : 1036~1101. 북송(北宋) 때의 문인(文人)으로, 이름은 식(軾)이고 호는 동파(東坡)이며, 당송팔대가(唐宋八大家)의 한 사람이다.

康節邵先生曰 有人來問卜하되 如何是禍福고 我虧人是禍요 人虧我是福이니라

강절 소선생(康節邵先生)이 말하였다. 사람이 찾아와 점을 치되 "어떠한 것이 화와 복인고?" 하고 묻기에 나는 다음과 같이 대답하였다. "내가 남을 해롭게 하면 이것이 화(禍)요, 남이 나를 해롭게 하면 이것이 복(福)이니라."

大廈千間이라도 夜臥八尺이요 良田萬頃이라도 日食二升이니라

幽 : 그윽할 유　歡 : 기쁠 환　更 : 다시 갱　蘇 : 깨어날 소　坡 : 언덕 파
故 : 연고 고　卜 : 점칠 복　虧 : 이지러질 휴　廈 : 큰집 하　臥 : 누울 와
頃 : 이랑 경　升 : 되 승

큰 집이 천 칸이라도 밤에는 여덟 자에 눕고, 좋은 밭이 만경(萬頃)이라도 하루에 두 되를 먹느니라.

久住令人賤이요 頻來親也疎라 但看三五日에 相見不如初니라

오래 머물면 사람으로 하여금 천하게 하고, 자주 오면 친하던 사이도 소원해지느니라. 다만 사흘이나 닷새만 보아도 서로 보는 것이 처음만 같지 못하니라.

渴時一滴은 如甘露요 醉後添盃는 不如無니라

목마를 때에 한 방울의 물은 감로수(甘露水)와 같고, 취한 뒤에 잔을 더하는 것은 없는 것만 못하느니라.

酒不醉人人自醉요 色不迷人人自迷니라

술이 사람을 취하게 하는 것이 아니라 사람이 스스로 취하고, 색(色)이 사람을 미혹(迷惑)시키는 것이 아니라 사람이 스스로 미혹되느니라.

公心을 若比私心이면 何事不辦이며 道念을 若同情念이면 成佛多時니라

공(公)을 위하는 마음을 만약 사(私)를 위하는 마음에 비한다면 무슨 일인들 다스리지 못할 것이며, 도(道)를 향하는 생각을 만약 정(情)을 생각하는 마음과 같게 한다면 부처를 이룬 지가 이미 오래니라.

濂溪先生曰 巧者言하고 拙者默하며 巧者勞하고

住 : 머무를 주 頻 : 자주 빈 渴 : 목마를 갈 滴 : 물방울 적 露 : 이슬 로
添 : 더할 첨 盃 : 잔 배 迷 : 혼미할 미 辦 : 다스릴 판 濂 : 물가 렴
溪 : 시내 계 拙 : 졸할 졸 默 : 묵묵할 묵

拙者逸하며 **巧者賊**하고 **拙者德**하며 **巧者凶**하고 **拙者吉**하나니 **嗚呼**라 **天下拙**이면 **刑政**이 **撤**하여 **上安下順**하며 **風淸弊絶**하리라

염계선생(濂溪先生)이 말하였다. 교자(巧者 : 재주와 꾀가 많은 사람)는 말을 잘하고 졸자(拙者 : 재주가 없고 어리석은 사람)는 말이 없으며, 교자는 수고롭고 졸자는 한가하며, 교자는 남을 해치고 졸자는 덕이 있으며, 교자는 흉하고 졸자는 길(吉)하다. 아아! 천하가 졸하면 형벌이 없어져 위가 편안하고 아래가 순종하며, 풍속이 맑고 폐단이 없어지리라.

역주 濂溪先生 : 주돈이(周敦頤 : 1017~1073)를 가리키는 바, 자는 무숙(茂叔)이며 염계는 그의 호(號)이다. 북송(北宋)의 유학자로 송학(宋學)의 시조로 불리워지며, ≪태극도설(太極圖說)≫과 ≪통서(通書)≫를 저술하였다.

易曰 德微而位尊하고 **智小而謀大**면 **無禍者鮮矣**니라

≪주역≫에 말하였다. 덕이 적고 지위가 높으며, 지혜가 작고 꾀함이 크면 화(禍)가 없는 자가 드무니라.

역주 周易 : 삼경(三經)의 하나로 ≪역경(易經)≫이라고도 하며, 우주의 원리와 인간의 길흉화복을 기록한 책으로, 문왕(文王)·주공(周公)·공자(孔子)에 의해 완성되었다 한다.

참고 : ≪주역(周易)≫ 〈계사전(繫辭傳)〉에는 "德薄而位尊 知小而謀大 力小而任重 鮮不及矣"로 되어 있다.

說苑曰 官怠於宦成하고 **病加於小愈**하며 **禍生於懈惰**하고 **孝衰於妻子**니 **察此四者**하여 **愼終如**

逸 : 편안할 일 賊 : 해칠 적 嗚 : 탄식할 오 呼 : 부를 호 撤 : 거둘 철 弊 : 폐단 폐
易 : 바꿀 역 微 : 작을 미 尊 : 높을 존 鮮 : 드물 선 苑 : 동산 원 怠 : 게으를 태
宦 : 벼슬 환 加 : 가할 가 愈 : 병나을 유 懈 : 게으를 해 惰 : 게으를 타

始니라

≪설원(說苑)≫에 말하였다. 관원은 지위가 성취되는 데서 게을러지고, 병은 조금 낫는 데서 더해지며, 재앙은 게으른 데서 생기고, 효도는 처자에게서 쇠해지니, 이 네 가지를 살펴서 끝을 삼가 처음과 같이 할지니라.

역주 說苑 : 한(漢)나라 유향(劉向)이 지은 책으로 명인들의 일화(逸話)를 수록하였다.

器滿則溢하고 人滿則喪이니라

그릇은 차면 넘치고, 사람은 차면 잃느니라.

尺璧非寶요 寸陰是競이니라

한 자 되는 구슬이 보배가 아니요, 한 치의 광음(光陰 : 짧은 시간)을 다툴지니라.

羊羹이 雖美나 衆口는 難調니라

양고기 국이 비록 맛이 좋으나 뭇사람의 입은 맞추기 어려우니라.

益智書云 白玉은 投於泥塗라도 不能汚穢其色이요 君子는 行於濁地라도 不能染亂其心하나니 故로 松柏은 可以耐雪霜이요 明智는 可以涉危難이니라

≪익지서≫에 말하였다. 흰 옥(玉)은 진흙 속에 던져도 그 빛을 더럽힐 수 없고, 군자는 혼탁(混濁)한 곳에 가더라도 그 마음을 어지럽힐 수 없다. 그러므로 소나무와 잣나무는 상설(霜雪)을 견디어내고, 밝고 지혜 있는 이는 위난(危難)을 건너가느니라.

溢 : 넘칠 일　喪 : 잃을 상　璧 : 구슬 벽　競 : 다툴 경　羹 : 국 갱
投 : 던질 투　塗 : 진흙 도　汚 : 더러울 오　穢 : 더러울 예　染 : 물들 염
亂 : 어지러울 란　柏 : 잣나무 백　耐 : 견딜 내　霜 : 서리 상　涉 : 건널 섭

入山擒虎는 **易**어니와 **開口告人**은 **難**이니라

산에 들어가 범을 잡기는 쉽거니와, 입을 열어 남에게 말하기는 어려우니라.

遠水는 **不救近火**요 **遠親**은 **不如近隣**이니라

먼 곳의 물은 가까운 곳의 불을 끄지 못하고, 먼 곳의 친척은 가까운 이웃만 같지 못하니라.

太公曰 日月이 **雖明**이나 **不照覆盆之下**하고 **刀刃**이 **雖快**나 **不斬無罪之人**하고 **非災橫禍**는 **不入愼家之門**이니라

태공(太公)이 말하였다. 해와 달이 비록 밝으나 엎어놓은 동이의 밑은 비추지 못하고, 칼날이 비록 잘 드나 죄 없는 사람은 베지 못하고, 나쁜 재앙과 횡화(橫禍 : 횡액)는 조심하는 집 문에는 들어가지 못하느니라.

太公曰 良田萬頃이 **不如薄藝隨身**이니라

태공이 말하였다. 좋은 밭 만 이랑이 박한(하찮은) 재주가 몸에 따르는 것만 같지 못하니라.

性理書云 接物之要는 **己所不欲**을 **勿施於人**하고 **行有不得**이어든 **反求諸己**니라

성리서에 말하였다. 남을 대하는 요체(要諦)는 자기가 하고자 하지 않는 것을 남에게 베풀지 말고, 행해도 얻지 못하는 것이 있거든 돌이켜 자기 몸에 찾는 것이니라.

擒 : 사로잡을 금　遠 : 멀 원　照 : 비출 조　覆 : 엎을 복　盆 : 동이 분
刃 : 칼날 인　斬 : 벨 참　災 : 재앙 재　橫 : 갑자기 횡　薄 : 엷을 박
藝 : 재주 예　隨 : 따를 수　反 : 돌이킬 반　諸 : 어조사 저

酒色財氣四堵墻에 **多少賢愚在內廂**이라 **若有世人跳得出**이면 **便是神仙不死方**이니라

술과 색(色)과 재물과 기운의 네 담 안에 수많은 어진 이와 어리석은 이가 그 방안에 있느니라. 만약 세상사람 중에 이것에서 뛰쳐나오는 이가 있다면 이것은 곧 신선(神仙)의 죽지 않는 방법이니라.

立敎篇
(가르침을 세우는 글)

子曰 立身有義하니 **而孝爲本**이요 **喪紀有禮**하니 **而哀爲本**이요 **戰陣有列**하니 **而勇爲本**이요 **治政有理**하니 **而農爲本**이요 **居國有道**하니 **而嗣爲本**이요 **生財有時**하니 **而力爲本**이니라

공자가 말씀하였다. 몸을 세움에 의(義)가 있으니 효도가 그 근본이요, 상사(喪事)에 예(禮)가 있으니 슬퍼함이 그 근본이요, 싸움터에 항렬(行列)이 있으니 용맹이 그 근본이요, 나라를 다스리는 데 이치가 있으니 농사가 그 근본이요, 나라를 지키는 데 도(道)가 있으니 후사(後嗣)가 그 근본이요, 재물을 생산함에 시기가 있으니 힘이 그 근본이니라.

역주 喪紀有禮 : 상기(喪紀)는 초상을 치루는 일로, 원문에는 '상사(喪祀)'로 되어 있는 것을 출전인 ≪가어(家語)≫에 의거하여 바로잡았다.

景行錄云 爲政之要는 **曰公與淸**이요 **成家之道**는

堵 : 담 도 墻 : 담 장 廂 : 행랑 상 跳 : 뛸 도 喪 : 초상 상 紀 : 실마리 기
哀 : 슬플 애 戰 : 싸울 전 陣 : 진칠 진 勇 : 용맹 용 政 : 정사 정
理 : 이치 리 農 : 농사 농 嗣 : 이을 사

曰儉與勤이니라

≪경행록≫에 말하였다. 정사(政事)를 다스리는 요점은 공평함과 청백함이요, 집을 이루는 방법은 검소함과 부지런함이니라.

讀書는 起家之本이요 循理는 保家之本이요 勤儉은 治家之本이요 和順은 齊家之本이니라

글을 읽는 것은 집을 일으키는 근본이요, 이치를 따름은 집을 보존하는 근본이요, 부지런하고 검소함은 집을 다스리는 근본이요, 화목하고 순함은 집안을 가지런히 하는 근본이니라.

孔子三計圖云 一生之計는 在於幼하고 一年之計는 在於春하고 一日之計는 在於寅이니 幼而不學이면 老無所知요 春若不耕이면 秋無所望이요 寅若不起면 日無所辦이니라

≪공자 삼계도(孔子三計圖)≫에 말하였다. 일생의 계획은 어릴 때에 있고, 일년의 계획은 봄에 있고, 하루의 계획은 인시(寅時 : 새벽)에 있으니, 어려서 배우지 않으면 늙어서 아는 것이 없고, 봄에 밭 갈지 않으면 가을에 바랄 것이 없고, 새벽에 일어나지 않으면 하루를 다스릴 수가 없느니라.

性理書云 五教之目은 父子有親이며 君臣有義며 夫婦有別이며 長幼有序며 朋友有信이니라

성리서에 말하였다. 다섯 가지 가르침의 조목은 부자간에는 친함이 있는 것이며, 군신간에는 의리가 있는 것이며, 부부간에는 분별이 있는 것이며, 어른과 어린이 사이에는 차례가 있는 것이며, 친구간에는 믿음이 있는 것이니라.

循 : 따를 순　齊 : 가지런할 제　幼 : 어릴 유　寅 : 동방 인　耕 : 밭갈 경
目 : 조목 목　婦 : 부인 부

三綱은 君爲臣綱이요 父爲子綱이요 夫爲婦綱이니라

삼강(三綱)은 임금은 신하의 벼리〔綱 : 근본〕가 되고, 아버지는 자식의 벼리가 되고, 남편은 아내의 벼리가 되는 것이니라.

王蠋曰 忠臣은 不事二君이요 烈女는 不更(경)二夫니라

왕촉(王蠋)이 말하였다. 충신은 두 임금을 섬기지 않고, 열녀(烈女)는 두 지아비를 바꾸지 않느니라.

역주 王蠋 : 전국(戰國)시대 제(齊)나라 사람으로, 제나라가 연(燕)나라에게 패망하자 항복하지 않고 자결하였다.

忠子曰 治官엔 莫若平이요 臨財엔 莫若廉이니라

충자(忠子)가 말하였다. 벼슬을 다스림에는 공평함 만한 것이 없고, 재물을 임함(대함)에는 청렴함 만한 것이 없느니라.

역주 忠子 : 미상.

張思叔座右銘曰 凡語를 必忠信하며 凡行을 必篤敬하며 飮食을 必愼節하며 字畫(획)을 必楷正하며 容貌를 必端莊하며 衣冠을 必肅整하며 步履를 必安詳하며 居處를 必正靜하며 作事를 必謀始하며 出言을 必顧行하며 常德을 必固持하며 然諾을 必重應하며

綱 : 벼리 강　蠋 : 벌레 촉　烈 : 매울 렬　更 : 바꿀 경　廉 : 청렴 렴
座 : 자리 좌　畫 : 그을 획　楷 : 바를 해　肅 : 엄숙 숙　步 : 걸음 보　履 : 밟을 리
詳 : 상세할 상　靜 : 고요할 정　顧 : 돌아볼 고　諾 : 허락할 낙

見善如己出하며 見惡如己病하라 凡此十四者는 皆我未深省이라 書此當座隅하여 朝夕視爲警하노라

≪장사숙 좌우명(張思叔座右銘)≫에 말하였다. 무릇 말을 반드시 충신(忠信 : 성실함)하게 하며, 무릇 행실을 반드시 독후(篤厚 : 후덕함)하고 공경하게 하며, 음식을 반드시 삼가고 절제하며, 글씨를 반드시 반듯하고 바르게 쓰며, 용모를 반드시 단정하고 엄숙히 하며, 의관을 반드시 엄숙하고 바르게 하며, 걸음걸이를 반드시 편안하고 자상히(얌전하고 조용함) 하며, 거처함을 반드시 바르고 고요하게 하며, 일하는 것을 반드시 처음을 헤아려 하며, 말을 하는 것을 반드시 실행을 돌아보며, 떳떳한 덕을 반드시 굳게 가지며, 승낙하는 것을 반드시 신중히 응하며, 선(善)을 보거든 자기에게서 나온 것처럼 여기며, 악(惡)을 보거든 자신의 병처럼 여겨라. 무릇 이 열네 가지는 모두 내가 깊이 살피지 못한 것이다. 이를 자리의 귀퉁이에 해당하는 곳에 써 붙여 아침저녁으로 보고 경계하노라.

역주 張思叔 : 북송(北宋) 때의 학자로, 이름은 역(繹)이고 사숙(思叔)은 그의 자(字)이다. 성리학(性理學)의 대가로 정이천(程伊川)의 제자이다.

座右銘 : 자리 오른쪽에 써 붙인 글로, 늘 자리 옆에 써 붙여놓고 반성의 자료로 삼는 격언(格言)을 이른다.

范益謙座右銘曰 一不言朝廷利害邊報差除요 二不言州縣官員長短得失이요 三不言衆人所作過惡之事요 四不言仕進官職趨時附勢요 五不言財利多少厭貧求富요 六不言淫媟戲慢評論女色이요 七不言求覓人物干索酒食이니라

警 : 경계할 경 范 : 성 범 謙 : 겸손할 겸 廷 : 조정 정 差 : 가릴 차
除 : 제수할 제 縣 : 고을 현 趨 : 추창할 추 厭 : 싫을 염 淫 : 음란할 음
媟 : 더러울 설 慢 : 거만할 만 評 : 평론할 평 覓 : 찾을 멱 干 : 구할 간
索 : 찾을 색

又人附書信을 不可開坼沈滯요 與人竝坐에 不可窺人私書요 凡入人家에 不可看人文字요 凡借人物에 不可損壞不還이요 凡喫飮食에 不可揀擇去取요 與人同處에 不可自擇便利요 凡人富貴를 不可歎羨詆毁니 凡此數事에 有犯之者면 足以見用意之不肖니 於存心修身에 大有所害라 因書以自警하노라

≪범익겸 좌우명(范益謙座右銘)≫에 말하였다. 첫째는 조정(朝廷)의 이해와 변방(邊方)의 기별과 차제(差除 : 관직의 임명)를 말하지 말 것이요, 둘째는 주현(州縣)의 관원의 장단(長短)과 득실(得失)을 말하지 말 것이요, 셋째는 여러 사람이 저지른 잘못과 나쁜 일을 말하지 말 것이요, 넷째는 벼슬하여 관직에 나아가는 것과 시세(時勢)에 따라 권세에 아부하는 것을 하지 말 것이요, 다섯째는 재리(財利)의 많고 적음과 가난을 싫어하고 부(富)를 구하는 것을 말하지 말 것이요, 여섯째는 음탕하고 희롱하고 거만함과 여색(女色)에 대한 평론을 말하지 말 것이요, 일곱째는 남에게 물건을 요구하거나 주식(酒食)을 토색하는 것을 말하지 말 것이다.

또 남이 편지를 부탁하거든 뜯어보거나 지체시키지 말며, 남과 함께 앉아 있을 적에 남의 사사로운 글을 엿보지 말며, 무릇 남의 집에 들어감에 남의 문자를 보지 말며, 남의 물건을 빌렸을 때에 손상시키거나 돌려보내지 않지 말며, 무릇 음식을 먹음에 가려서 버리거나 취하지 말며, 남과 함께 있으면서 스스로 편리함을 가려서 취하지 말며, 무릇 남의 부귀한 것을 봄에 감탄하고 부러워하거나 헐뜯지 말라.

무릇 이 몇 가지 일을 범하는 경우가 있으면 그 마음씀의 어질지 못함을 볼 수 있으니, 마음을 보존하고 몸을 닦는 데 크게 해로운 바가 있는지라, 이로 인하여 이 글을 써서 스스로 경계하노라.

역주 范益謙 : 남송(南宋)의 학자로 이름은 충(沖)이고 익겸(益謙)은 그의 자(字)이다.

坼 : 터질 탁　沈 : 침체할 침　滯 : 막힐 체　窺 : 엿볼 규　壞 : 무너질 괴
喫 : 먹을 끽　揀 : 가릴 간　歎 : 탄식할 탄　羨 : 부러워할 선　詆 : 꾸짖을 저
毁 : 헐뜯을 훼　犯 : 범할 범　肖 : 닮을 초

武王이 **問太公曰 人居世上**에 **何得貴賤貧富不等**고 **願聞說之**하여 **欲知是矣**로이다 **太公曰 富貴**는 **如聖人之德**하여 **皆由天命**이어니와 **富者**는 **用之有節**하고 **不富者**는 **家有十盜**니이다

무왕(武王)이 태공(太公)에게 묻기를 "사람이 세상에 사는데 어찌하여 귀천과 빈부가 고르지 않습니까? 원컨대 말씀을 들어서 이를 알고자 합니다." 하자, 태공은 다음과 같이 대답하였다. "부귀는 성인의 덕과 같아서 다 천명(天命)에 말미암거니와 부자는 쓰는 것이 절도(節度)가 있고, 부하지 못한 자는 집에 열 가지 도둑〔十盜〕이 있나이다."

역주 武王 : B.C. 1169~1116. 주(周)나라 문왕(文王)의 아들로 이름은 발(發)이다. 부왕(父王)의 유업을 계승하여 아우인 주공(周公) 단(旦)과 협력하여 은(殷)나라 주왕(紂王)을 쳐서 멸하고 주왕조(周王朝)를 세웠다.

武王曰 何謂十盜닛고 **太公曰 時熟不收 爲一盜**요 **收積不了 爲二盜**요 **無事燃燈寢睡 爲三盜**요 **慵懶不耕**이 **爲四盜**요 **不施功力**이 **爲五盜**요 **專行巧害 爲六盜**요 **養女太多 爲七盜**요 **晝眠懶起 爲八盜**요 **貪酒嗜慾**이 **爲九盜**요 **强行嫉妬 爲十盜**니이다

무왕이 말씀하기를 "무엇을 열 가지 도둑이라고 합니까?" 하자, 태공은 다음과 같이 대답하였다. "곡식이 익은 것을 제때에 거둬들이지 않는 것이 첫째의 도둑이

武 : 호반 무 等 : 같을 등 願 : 원할 원 欲 : 하고자할 욕 由 : 말미암을 유
盜 : 도둑 도 熟 : 익을 숙 積 : 쌓을 적 了 : 마칠 료 燃 : 탈 연 燈 : 등 등
睡 : 졸음 수 慵 : 게으를 용 懶 : 게으를 뢰(라) 晝 : 낮 주 嗜 : 즐길 기
嫉 : 질투할 질 妬 : 질투할 투

요, 거두고 쌓는 것을 마치지 않는 것이 둘째의 도둑이요, 일없이 등불을 켜놓고 잠자는 것이 셋째의 도둑이요, 게을러서 밭 갈지 않는 것이 넷째의 도둑이요, 공력(功力)을 들이지 않는 것이 다섯째의 도둑이요, 오로지 교활하고 해치는 일을 행하는 것이 여섯째의 도둑이요, 딸을 너무 많이 기르는 것이 일곱째의 도둑이요, 낮잠을 자고 아침에 일어나기를 게을리하는 것이 여덟째의 도둑이요, 술을 탐하고 욕심을 부리는 것이 아홉째의 도둑이요, 심히 질투를 하는 것이 열째의 도둑입니다."

武王曰 家無十盜而不富者는 何如닛고 太公曰 人家에 必有三耗니이다 武王曰 何名三耗닛고 太公曰 倉庫漏濫不蓋하여 鼠雀亂食이 爲一耗요 收種失時 爲二耗요 抛撒米穀穢賤이 爲三耗니이다

무왕(武王)이 말씀하기를 "집에 열 가지 도둑이 없는데도 부유하지 못한 것은 어째서입니까?" 하자, 태공은 다음과 같이 대답하였다. "그런 사람의 집에는 반드시 세 가지 더는 것〔三耗〕이 있습니다." 무왕이 말씀하기를 "무엇을 세 가지 더는 것이라고 이름합니까?" 하자, 태공은 다음과 같이 대답하였다. "창고가 새고 넘치는데도 가리지 않아 쥐와 새들이 어지러이 먹는 것이 첫째의 더는 것이요, 거두고 심는 것을 때를 놓치는 것이 둘째의 더는 것이요, 곡식을 버리고 흩어서 더럽게 하고 천하게 하는 것이 셋째의 더는 것입니다."

武王曰 家無三耗而不富者는 何如닛고 太公曰 人家에 必有一錯二誤三痴四失五逆六不祥七奴八賤九愚十强하여 自招其禍요 非天降殃이니이다

무왕이 말씀하기를 "집에 세 가지 더는 것이 없는데도 부유하지 못한 것은 어째

耗：소모할 모 倉：곳집 창 庫：곳집 고 漏：샐 루 蓋：덮을 개 鼠：쥐 서
雀：참새 작 抛：버릴 포 撒：뿌릴 살 穢：더러울 예 錯：그릇될 착
誤：그릇될 오 痴：어리석을 치 降：내릴 강 殃：재앙 앙

서입니까?" 하자, 태공은 다음과 같이 대답하였다. "그런 사람의 집에는 반드시 일착(一錯 : 첫째 잘못), 이오(二誤 : 둘째 그름), 삼치(三痴 : 셋째 어리석음), 사실(四失 : 넷째 과실), 오역(五逆 : 다섯째 거스름), 육불상(六不祥 : 여섯째 상서롭지 못함), 칠노(七奴 : 일곱째 상스러움), 팔천(八賤 : 여덟째 천함), 구우(九遇 : 아홉째 어리석음), 십강(十强 : 열째 뻔뻔함)이 있어서 스스로 그 화를 부르는 것이요, 하늘이 재앙을 내리는 것이 아닙니다."

武王曰 願悉聞之하노이다 **太公曰 養男不敎訓**이 **爲一錯**이요 **嬰孩不訓**이 **爲二誤**요 **初迎新婦不行嚴訓**이 **爲三痴**요 **末語先笑 爲四失**이요 **不養父母 爲五逆**이요 **夜起赤身**이 **爲六不祥**이요 **好挽他弓**이 **爲七奴**요 **愛騎他馬 爲八賤**이요 **喫他酒勸他人**이 **爲九愚**요 **喫他飯命朋友 爲十强**이니이다 **武王曰 甚美誠哉**라 **是言也**여

무왕이 말씀하기를 " 그 내용을 다 듣기를 원합니다." 하자, 태공은 다음과 같이 대답하였다. "아들을 기르되 가르치지 않는 것이 첫째 잘못이요, 어린 아이를 훈도하지 않는 것이 둘째 그름이요, 처음 신부를 맞아들여서 엄하게 가르치지 않는 것이 셋째 어리석음이요, 말하기 전에 먼저 웃는 것이 넷째 과실이요, 부모를 봉양하지 않는 것이 다섯째 거스름이요, 밤에 알몸으로 일어나는 것이 여섯째 상서롭지 못함이요, 남의 활을 당기기를 좋아하는 것이 일곱째 상스러움이요, 남의 말을 타기를 좋아하는 것이 여덟째 천함이요, 남의 술을 마시면서 다른 사람에게 권하는 것이 아홉째 어리석음이요, 남의 밥을 먹으면서 벗에게 명하는 것이 열째 뻔뻔함입니다." 무왕이 말씀하였다. "심히 아름답고 진실하도다, 이 말씀이여."

願 : 원할 원　悉 : 다 실　嬰 : 어릴 영　孩 : 어릴 해　迎 : 맞을 영
失 : 잃을 실　祥 : 상서로울 상　挽 : 당길 만　奴 : 종 노　騎 : 말탈 기
喫 : 먹을 끽　誠 : 진실할 성

治政篇
(정사를 다스리는 글)

明道先生曰 一命之士 苟存心於愛物이면 於人에 必有所濟니라

명도선생(明道先生)이 말하였다. 처음으로 벼슬을 얻은 선비가 만일 물건을 사랑하는 데 마음을 둔다면 사람에게 반드시 구제하는 바가 있으리라.

역주 明道先生 : 1032~1085. 북송(北宋) 때의 대학자로, 성은 정(程)이고 이름은 호(顥)이며, 자는 백순(伯淳)이고 명도는 그의 호이다.

一命之士 : 옛날 벼슬의 품계는 일명(一命)부터 구명(九命)까지 있었으므로, 벼슬에 처음 임명된 낮은 벼슬아치를 가리킨다.

宋太宗御製云 上有麾之하고 中有乘之하고 下有附之하여 幣帛衣之요 倉廩食之하니 爾俸爾祿이 民膏民脂니라 下民은 易虐이어니와 上天은 難欺니라

≪송태종 어제(宋太宗御製)≫에 말하였다. 위에는 지휘하는 이가 있고, 중간에는 이를 전달하는 관원이 있고, 그 아래에는 이에 따르는 백성이 있다. 폐백으로 옷을 지어 입고, 곳간에 있는 곡식을 먹으니, 너의 봉급과 너의 녹(祿)이 모두 백성들의 피땀이니라. 아래에 있는 백성은 학대하기 쉽거니와 위에 있는 푸른 하늘은 속이기 어려우니라.

역주 宋太宗 : 이 내용은 원래 오대(五代)시대 후촉(後蜀)의 군주 맹창(孟昶)이 지은 것인데, 송 태종이 이중에서 '爾俸爾祿 民膏民脂 下民易虐 上天難欺'의 16자를 써서 각 지방의 청사 앞에 세워 수령(守令)들을 경계하였기 때문에 〈계석(戒石)〉, 또는 〈계석명(戒石銘)〉이라 하였으며, 송 태종의 어제로 알려지게 되었다. 대본에는 '唐太宗'으로 되어 있는 것을 바로잡았다.

苟 : 진실로 구　濟 : 건질 제　宋 : 송나라 송　宗 : 마루 종　製 : 지을 제
麾 : 부를 휘　乘 : 탈 승　幣 : 폐백 폐　帛 : 비단 백　廩 : 쌀곳간 름
爾 : 너 이　俸 : 녹 봉　膏 : 기름 고　脂 : 기름 지　虐 : 사나울 학

童蒙訓曰 當官之法이 唯有三事하니 曰淸曰愼曰勤이니 知此三者면 則知所以持身矣니라

≪동몽훈(童蒙訓)≫에 말하였다. 관직을 맡아 지켜야 할 법이 오직 세 가지가 있으니, 청렴과 신중과 근면이다. 이 세 가지를 알면 몸가질 바를 알 것이다.

역주 童蒙訓 : 송(宋)나라 때 여본중(呂本中)이 지은 책이다.

當官者는 必以暴怒爲戒하여 事有不可어든 當詳處之면 必無不中이어니와 若先暴怒면 只能自害라 豈能害人이리오

관직을 맡은 자는 반드시 갑자기 성내는 것을 경계하여, 일에 옳지 않음이 있거든 마땅히 자상하게 처리하면 반드시 맞지 않음이 없거니와 만약 갑자기 성냄을 먼저 한다면 다만 자신을 해롭게 할 뿐이다. 어찌 남을 해칠 수 있으리오.

역주 暴怒 : 폭(暴)은 '갑자기'의 뜻으로, 일을 살펴보지 않고 갑자기 성냄을 이른다.

事君을 如事親하며 事官長을 如事兄하며 與同僚를 如家人하며 待群吏를 如奴僕하며 愛百姓을 如妻子하며 處官事를 如家事然後에야 能盡吾之心이니 如有毫末不至면 皆吾心에 有所未盡也니라

임금 섬기기를 부모 섬기는 것과 같이 하며, 관장(官長 : 높은 벼슬아치) 섬기기를 형 섬기는 것과 같이 하며, 동료를 대하기를 집안사람과 같이 하며, 여러 아전 대하기를 자기 집 노복(奴僕)과 같이 하며, 백성 사랑하기를 처자(妻子)와 같이 하며, 관청 일 처리하기를 집안일과 같이 한 뒤에야 능히 내 마음을 다한 것이니,

---

蒙 : 어릴 몽 持 : 가질 지 暴 : 갑자기 폭 中 : 맞을 중 只 : 다만 지 僚 : 동료 료
群 : 무리 군 僕 : 종 복 盡 : 다할 진 毫 : 터럭 호 末 : 끝 말 皆 : 다 개

만약 털끝만치라도 지극하지 못함이 있으면 모두 내 마음에 다하지 못한 바가 있는 것이니라.

或問 簿는 佐令者也니 簿所欲爲를 令或不從이면 奈何닛고 伊川先生曰 當以誠意動之니라 今令與簿不和는 便是爭私意요 令은 是邑之長이니 若能以事父兄之道로 事之하여 過則歸己하고 善則唯恐不歸於令하여 積此誠意면 豈有不動得人이리오

어떤 사람이 묻기를 부(簿)는 영(令 : 현령)을 보좌하는 자입니다. 부가 하고자 하는 바를 영이 혹시 따르지 않으면 어떻게 합니까?" 하자, 이천선생(伊川先生)은 다음과 같이 대답하였다. "마땅히 성의(誠意)로써 감동시켜야 한다. 이제 영과 부가 화합하지 않는 것은 곧 사사로운 마음으로 다투는 것이고, 영은 고을의 장관이니, 만약 부형을 섬기는 도리로써 섬겨서 잘못은 자신에게 돌리고 잘한 것은 행여 영에게 돌아가지 않을까 두려워해서, 이와 같은 성의를 쌓는다면 어찌 사람을 감동시키지 못함이 있겠는가.

역주 伊川 : 1033~1107. 북송(北宋) 때의 학자로 명도(明道)선생의 아우이며, 성은 정(程)이고 이름은 이(頤)이며, 자는 정숙(正叔)이고 이천은 호이다. 성리학(性理學)의 대가로 저서에는 ≪역전(易傳)≫, ≪어록(語錄)≫ 등이 있다.

劉安禮問臨民한대 明道先生曰 使民으로 各得輸其情이니라 問御吏한대 曰 正己以格物이니라

유안례(劉安禮)가 백성을 대하는 도리를 묻자, 명도(明道)선생이 말씀하기를 "백성으로 하여금 각자 자기 뜻을 다하게 할지니라." 하였다. 아전을 거느리는 도

簿 : 문서 부, 다스릴 부　佐 : 도울 좌　令 : 현령 령　奈 : 어찌 내
伊 : 저 이　爭 : 다툴 쟁　邑 : 고을 읍　積 : 쌓을 적　劉 : 묘금도 유
輸 : 바칠 수, 다할 수　御 : 어거할 어　吏 : 관리 리　格 : 바를 격

리를 묻자 "자기를 바르게 하여 남을 바르게 할지니라." 하였다.

역주 劉安禮 : 북송(北宋) 때의 사람으로 자는 원소(元素)이다.

抱朴子曰 迎斧鉞而正諫하며 據鼎鑊而盡言이면 此謂忠臣也니라

포박자(抱朴子)가 말하였다. 도끼를 맞더라도 바르게 간하며, 끓는 솥을 잡으면서도 옳은 말을 다하면 이것을 충신(忠臣)이라 이르느니라.

역주 抱朴子 : 진(晉)나라 초기의 도가(道家)로, 성을 갈(葛)이고 이름은 홍(洪)이며, 포박자는 그의 호이다. 저서로 ≪포박자≫가 있다.

治家篇
(집안을 다스리는 글)

司馬溫公曰 凡諸卑幼 事無大小히 毋得專行하고 必咨稟於家長이니라

사마온공(司馬溫公)이 말하였다. 모든 낮은 이와 어린이는 일의 크고 작음이 없이 제멋대로 행동하지 말고, 반드시 가장(家長)에게 여쭈어서 해야 하느니라.

待客엔 不得不豐이요 治家엔 不得不儉이니라

손님을 접대함에는 풍성하게 하지 않을 수 없고, 집안을 다스림에는 검소하게 하지 않을 수 없느니라.

抱 : 안을 포　斧 : 도끼 부　鉞 : 도끼 월　諫 : 간할 간　據 : 웅거할 거
鼎 : 솥 정　鑊 : 가마솥 확　司 : 맡을 사　諸 : 모두 제　毋 : 말 무
專 : 오로지 전　咨 : 물을 자　稟 : 여쭐 품　待 : 접대할 대　豐 : 풍성할 풍

太公曰 痴人은 畏婦하고 賢女는 敬夫니라

태공이 말하였다. 어리석은 사람은 아내를 두려워하고, 어진 여자는 남편을 공경하느니라.

凡使奴僕에 先念飢寒이니라

무릇 노복(奴僕)을 부릴 적에는 먼저 그들의 춥고 배고픔을 생각할지니라.

子孝雙親樂이요 家和萬事成이니라

자식이 효도하면 두 분 어버이가 즐겁고, 집안이 화목하면 만사가 이루어지느니라.

時時防火發하고 夜夜備賊來니라

때때로 불이 나는 것을 막고, 밤마다 도적이 오는 것을 방비할지니라.

景行錄云 觀朝夕之早晏하여 可以卜人家之興替니라

≪경행록≫에 말하였다. 아침과 저녁의 이르고 늦음을 보아 그 사람의 집의 흥하고 쇠함을 알 수 있느니라.

文中子曰 婚娶而論財는 夷虜之道也니라

문중자(文中子)가 말하였다. 혼인하고 장가드는 데 재물을 논하는 것은 오랑캐의 도이니라.

痴 : 어리석을 치　畏 : 두려울 외　使 : 부릴 사　僕 : 종 복　飢 : 주릴 기
寒 : 찰 한　雙 : 두 쌍　備 : 갖출 비　觀 : 볼 관　晏 : 늦을 안　替 : 쇠할 체
婚 : 혼인 혼　娶 : 장가들 취　夷 : 오랑캐 이　虜 : 오랑캐 로

역주 文中子 : 수(隋)나라의 학자인 왕통(王通)의 사사로운 시호(諡號)이다. 육영(育英)에 힘써 두여회(杜如晦)·위징(魏徵) 등 고명한 제자들을 배출하였다.

安義篇
(의리를 편안히 여기는 글)

顔氏家訓曰 夫有人民而後에 **有夫婦**하고 **有夫婦而後**에 **有父子**하고 **有父子而後**에 **有兄弟**하니 **一家之親**은 **此三者而已矣**라 **自玆以往**으로 **至于九族**히 **皆本於三親焉**이라 **故**로 **於人倫**에 **爲重也**니 **不可不篤**이니라

≪안씨가훈(顔氏家訓)≫에 말하였다. 인민(人民)이 있은 뒤에 부부가 있고 부부가 있은 뒤에 부자가 있고 부자가 있은 뒤에 형제가 있으니, 한 집안의 친족(親族)은 이 세 가지뿐이다. 이로부터 나아가 구족(九族)에 이르기까지 모두 이 삼친(三親 : 부부, 부자, 형제)에 근본하였다. 그러므로 인륜에 있어 가장 중요한 것이니, 돈독하게 하지 않을 수 없느니라.

역주 顔氏家訓 : 제(齊)나라의 안지추(顔之推)가 지었으며 두 권으로 되어 있다.
九族 : 고조(高祖) 이하 고손(高孫)까지의 모든 친척을 가리킨다.

莊子曰 兄弟는 **爲手足**하고 **夫婦**는 **爲衣服**이니 **衣服破時**엔 **更**(갱)**得新**이어니와 **手足斷處**엔 **難可續**이니라

장자(莊子)가 말하였다. 형제는 수족(手足)과 같고 부부는 의복과 같으니, 의복

顔 : 얼굴 안　玆 : 이 자　族 : 겨레 족　倫 : 인륜 륜　篤 : 도타울 독
服 : 옷 복　破 : 해질 파　更 : 다시 갱　斷 : 끊을 단　續 : 이을 속

이 떨어졌을 때에는 다시 새것으로 갈아입을 수 있거니와 수족이 잘라진 곳은 잇기가 어려우니라.

蘇東坡云 富不親兮貧不疎는 此是人間大丈夫요 富則進兮貧則退는 此是人間眞小輩니라

소동파(蘇東坡)가 말하였다. 부유해도 친하지 않고 가난해도 소원히 하지 않는 것은 이것이 바로 인간의 대장부요, 부유하면 나아가고 가난하면 물러가는 것은 이것이 곧 인간의 참다운 소인배이니라.

遵禮篇

(예를 따르는 글)

子曰 居家有禮故로 長幼辨하고 閨門有禮故로 三族和하고 朝廷有禮故로 官爵序하고 田獵有禮故로 戎事閑하고 軍旅有禮故로 武功成이니라

공자가 말씀하였다. 집안에 거처함에 예(禮)가 있으므로 어른과 어린이가 분별되고, 규문(閨門)에 예가 있으므로 삼족(三族)이 화목하고, 조정(朝廷)에 예가 있으므로 관작의 차례가 있고, 사냥하는 데 예가 있으므로 군대의 일이 익혀지고, 군대의 예가 있으므로 무공(武功)이 이루어지느니라.

역주 軍旅 : 고대(古代)에 1군(軍)은 12,500명, 1여(旅)는 500명으로 편제되었으므로, 군대를 총칭하는 말로 쓰인다.

蘇 : 소생할 소　坡 : 언덕 파　疎 : 성글 소　丈 : 어른 장　輩 : 무리 배
遵 : 좇을 준　辨 : 분변할 변　閨 : 안방 규　爵 : 벼슬 작　獵 : 사냥할 렵
戎 : 군대 융　閑 : 익힐 한　旅 : 군대 려

子曰 君子有勇而無禮면 爲亂하고 小人有勇而無禮면 爲盜니라

공자가 말씀하였다. 군자가 용맹만 있고 예가 없으면 난리를 일으키고, 소인이 용맹만 있고 예가 없으면 도둑질을 하느니라.

曾子曰 朝廷엔 莫如爵이요 鄕黨엔 莫如齒요 輔世長民엔 莫如德이니라

증자(曾子)가 말씀하였다. 조정(朝廷)에는 벼슬만한 것이 없고, 향당(鄕黨 : 지방)에는 연치(年齒 : 나이)만한 것이 없고, 세상을 돕고 백성을 다스리는 데에는 덕(德)만한 것이 없느니라.

역주 曾子 : B.C. 506~?. 춘추시대(春秋時代) 노(魯)나라의 사상가로, 이름은 삼(參)이며 공자(孔子)의 제자이다.

老少長幼는 天分秩序니 不可悖理而傷道也니라

늙은이와 젊은이, 어른과 어린이는 하늘이 정한 차례이니, 이치를 어기고 도(道)를 상하게 해서는 안 되느니라.

出門에 如見大賓하고 入室에 如有人이니라

문을 나갈 때에는 큰 손님을 뵙듯이 하고, 방으로 들어올 때에는 사람이 있는 듯이 하라.

若要人重我인댄 無過我重人이니라

만약 남이 나를 중하게 여겨주기를 바란다면 내가 남을 중히 여기는 것보다 더함이 없느니라.

盜 : 도둑 도　曾 : 일찍 증　廷 : 조정 정　鄕 : 시골 향　黨 : 무리 당
齒 : 연치 치　輔 : 도울 보　秩 : 차례 질　悖 : 어그러질 패　傷 : 상할 상

父不言子之德하며 **子不談父之過**니라

아버지는 아들의 덕을 말하지 말며, 자식은 어버이의 허물을 말하지 말지니라.

言語篇
(말을 조심하는 글)

劉會曰 言不中理면 **不如不言**이니라

유회(劉會)가 말하였다. 말이 이치에 맞지 않으면 말하지 않느니만 못하니라.

역주 劉會 : 미상.

一言不中이면 **千語無用**이니라

한마디 말이 맞지 않으면 천 마디 말이 쓸데없느니라.

君平曰 口舌者는 **禍患之門**이요 **滅身之斧也**니라

군평(君平)이 말하였다. 입과 혀는 화환(禍患)의 문이요, 몸을 망하게 하는 도끼이니라.

역주 君平 : 전한(前漢) 무제(武帝) 때 사람인 엄군평(嚴君平)인 듯하다.

利人之言은 **煖如綿絮**하고 **傷人之語**는 **利如荊棘**하여 **一言利人**에 **重値千金**이요 **一語傷人**에 **痛如刀割**이니라

사람을 이롭게 하는 말은 따뜻하기가 솜과 같고, 사람을 상하게 하는 말은 날

談 : 말씀 담 會 : 모을 회 中 : 맞을 중 患 : 근심 환 滅 : 멸할 멸
斧 : 도끼 부 綿 : 솜 면 絮 : 솜 서 利 : 날카로울 리 荊 : 가시 형
棘 : 가시나무 극 値 : 값 치 痛 : 아플 통 割 : 벨 할

카롭기가 가시와 같아서 한 마디 말로 사람을 이롭게 함에 소중함이 천금의 값어치요, 한 마디 말로 사람을 중상함에 아프기가 칼로 베는 것과 같으니라.

역주 一言利人 : 청주본에 '一言半句'로 되어 있으나 통행본을 따랐다.

口是傷人斧요 言是割舌刀니 閉口深藏舌이면 安身處處牢니라

입은 바로 사람을 상하게 하는 도끼요, 말은 바로 혀를 베는 칼이니, 입을 막고 혀를 깊이 감추면 몸을 편안히 함이 곳곳마다 견고하니라.

逢人에 且說三分話하고 未可全抛一片心이니 不怕虎生三個口요 只恐人情兩樣心이니라

사람을 만나거든 우선 삼분(三分 : 30%)의 말만 하고, 자기가 지니고 있는 일편단심(一片丹心)을 다 털어놓지 말지니, 호랑이가 세 번 입을 벌리는 것이 두렵지 않고, 다만 세상 사람의 두 마음이 두려우니라.

酒逢知己千鍾少요 話不投機一句多니라

술은 나를 알아주는 친구를 만나면 천 잔도 적고, 말은 기회를 맞추지 않으면 한 마디도 많으니라.

交友篇
(벗을 사귐에 대한 글)

子曰 與善人居면 如入芝蘭之室하여 久而不聞

閉 : 닫을 폐　藏 : 감출 장　牢 : 굳을 뢰　逢 : 만날 봉　抛 : 던질 포
怕 : 두려울 파　個 : 낱 개　樣 : 모양 양　鍾 : 술잔 종　投 : 맞을 투
機 : 기틀 기　芝 : 지초 지　蘭 : 난초 란　聞 : 맡을 문

其香이나 **卽與之化矣**요 **與不善人居**면 **如入鮑魚之肆**하여 **久而不聞其臭**나 **亦與之化矣**니 **丹之所藏者**는 **赤**하고 **漆之所藏者**는 **黑**이라 **是以**로 **君子**는 **必愼其所與處者焉**이니라

공자가 말씀하였다. 선한 사람과 같이 거처하면 향기로운 지초와 난초가 있는 방 안에 들어간 것과 같아서 오래면 그 향기를 맡지 못하나 곧 더불어 향기와 동화되고, 선하지 못한 사람과 같이 거처하면 비린내 나는 생선 가게에 들어간 것과 같아서 오래면 그 냄새를 맡지 못하나 또한 더불어 냄새와 동화되나니, 붉은 주사(朱砂)를 지니고 있는 자는 붉어지고 검은 옻〔漆〕을 지니고 있는 자는 검어진다. 그러므로 군자는 반드시 그 더불어 거처하는 자를 삼가느니라.

家語云 與好人同行이면 **如霧露中行**하여 **雖不濕衣**라도 **時時有潤**하고 **與無識人同行**이면 **如厠中坐**하여 **雖不汚衣**라도 **時時聞臭**니라

≪가어(家語)≫에 말하였다. 좋은 사람과 동행(同行)하면 마치 안개 속을 가는 것과 같아서 비록 옷은 젖지 않더라도 때때로 윤택함이 있고, 무식한 사람과 동행하면 마치 뒷간에 앉은 것과 같아서 비록 옷은 더럽히지 않더라도 때때로 그 냄새가 풍겨지느니라.

子曰 晏平仲은 **善與人交**로다 **久而敬之**온여

공자가 말씀하였다. 안평중(晏平仲)은 사람과 사귀기를 잘하도다. 오래되어도 공경하는구나.

역주 晏平仲 : 춘추(春秋)시대 제(齊)나라의 재상으로, 이름은 영(嬰)이며 평중은 그의 자

鮑 : 생선 포　肆 : 가게 사　臭 : 냄새 취　黑 : 검을 흑
霧 : 안개 무　露 : 이슬 로　濕 : 젖을 습　潤 : 젖을 윤　厠 : 뒷간 측
汚 : 더러울 오　晏 : 늦을 안　仲 : 버금 중

(字)이다.

相識이 **滿天下**하되 **知心能幾人**고

서로 얼굴을 아는 사람은 온 세상에 가득하되 마음을 아는 사람은 몇이나 되는고.

酒食兄弟는 **千個有**로되 **急難之朋**은 **一個無**니라

술과 밥을 함께할 때에 형제간 같은 친구는 천 명이 있으나, 위급하고 어려울 때에 도와주는 친구는 하나도 없느니라.

不結子花는 **休要種**이요 **無義之朋**은 **不可交**니라

열매를 맺지 않는 꽃은 심으려 하지 말고, 의리가 없는 친구는 사귀지 말지니라.

君子之交는 **淡如水**하고 **小人之交**는 **甘若醴**니라

군자의 사귐은 담박하기가 물과 같고, 소인의 사귐은 달기가 단술과 같으니라.

참고 : 이 내용은 ≪장자(莊子)≫ 〈산목(山木)〉에 보인다.

路遙知馬力이요 **日久見人心**이니라

길이 멀어야 말의 힘을 알고, 날이 오래 지나야 사람의 마음을 보느니라.

婦行篇
(부인의 행실에 대한 글)

益智書云 女有四德之譽하니 **一曰婦德**이요 **二**

識 : 알 식 幾 : 몇 기 子 : 씨 자 休 : 말 휴 種 : 심을 종 淡 : 맑을 담
醴 : 단술 례 遙 : 멀 요

曰婦容이요 三曰婦言이요 四曰婦工也니라

≪익지서(益智書)≫에 말하였다. 여자가 네 가지 덕〔四德〕의 아름다움이 있으니, 첫째는 부덕(婦德 : 부인의 덕)이요, 둘째는 부용(婦容 : 부인의 용모)이요, 셋째는 부언(婦言 : 부인의 말)이요, 넷째는 부공(婦工 : 부인의 일)이니라.

婦德者는 不必才名絶異요 婦容者는 不必顔色美麗요 婦言者는 不必辯口利詞요 婦工者는 不必技巧過人也니라

부덕(婦德)이라는 것은 반드시 재주의 이름이 뛰어남을 말하는 것은 아니요, 부용(婦容)이라는 것은 반드시 얼굴이 아름답고 고움을 말하는 것은 아니요, 부언(婦言)이라는 것은 반드시 구변이 좋아 말을 잘하는 것은 아니요, 부공(婦工)이라는 것은 반드시 손재주가 남보다 뛰어남을 말하는 것은 아니니라.

其婦德者는 淸貞廉節하여 守分整齊하고 行止有恥하며 動靜有法이니 此爲婦德也요 婦容者는 洗浣塵垢하여 衣服鮮潔하며 沐浴及時하여 一身無穢니 此爲婦容也요 婦言者는 擇師而說하여 不談非禮하고 時然後言하여 人不厭其言이니 此爲婦言也요 婦工者는 專勤紡績하고 勿好葷酒하며 供具甘旨하여 以奉賓客이니 此爲婦工也니라

麗 : 고울 려　詞 : 말씀 사　技 : 재주 기　貞 : 곧을 정　廉 : 청렴할 렴
整 : 정제할 정　齊 : 가지런할 제　恥 : 부끄러울 치　靜 : 고요할 정
洗 : 씻을 세　浣 : 빨 완　塵 : 먼지 진　垢 : 때 구　鮮 : 고울 선
潔 : 청결할 결　沐 : 머리감을 목　浴 : 목욕할 욕　穢 : 더러울 예　擇 : 가릴 택
厭 : 싫을 염　紡 : 길쌈 방　績 : 길쌈 적　葷 : 마늘 훈　旨 : 맛 지

부덕(婦德)이라 함은 맑고 곧고 청렴하고 절개가 있어, 분수를 지키고 몸가짐을 바르게 하며 행동거지에 염치가 있고 동정(動靜)에 법도가 있는 것이니, 이것이 부덕이다. 부용(婦容)이라 함은 먼지와 때를 깨끗이 씻어 의복을 정결하게 하며, 목욕을 제때에 하여 한 몸에 더러움이 없게 하는 것이니, 이것이 부용이다. 부언(婦言)이라 함은 본받을 만한 말을 가려 말하여 예에 어긋나는 말을 하지 않으며 때에 알맞은 뒤에야 말해서 사람들이 그 말을 싫어하지 않는 것이니, 이것이 부언이다. 부공(婦工)이라 함은 오로지 길쌈을 부지런히 하고 마늘과 술을 좋아하지 않으며 맛있는 음식을 장만하여 손님을 받드는 것이니, 이것이 부공이다.

역주 勿好葷酒 : 훈(葷)은 마늘이나 파, 부추 따위로 옛날 사람들은 훈채(葷菜)와 술을 먹는 것을 싫어하였으며 불교에서는 금식(禁食)한다. 원문에는 '暈酒'로 잘못 되어 있는 것을 바로잡았다.

此四德者는 是婦人之所不可缺者라 爲之甚易하고 務之在正하니 依此而行이면 是爲婦節이니라

이 네 가지 덕은 부인으로서 빼놓을 수 없는 것이다. 행하기가 매우 쉽고 힘씀이 바른 데 있으니, 이에 의거하여 행한다면 이것이 부인의 예절이 되느니라.

역주 是婦人之所不可缺者 : 원문에는 '婦人之大德也'로 되어 있다.

太公曰 婦人之禮는 語必細니라

태공이 말하였다. 부인의 예절은 말소리가 반드시 가늘어야 하느니라.

賢婦는 令夫貴하고 佞婦는 令夫賤이니라

어진 부인은 남편을 귀(貴)하게 하고, 간악한 부인은 남편을 천(賤)하게 하느니라.

家有賢妻면 夫不遭橫禍니라

缺 : 빠질 결　依 : 의지할 의　細 : 가늘 세　遭 : 만날 조　横 : 갑자기 횡
佞 : 간사할 녕

집에 어진 아내가 있으면 남편이 뜻밖의 화를 만나지 않느니라.

賢婦는 **和六親**하고 **佞婦**는 **破六親**이니라

어진 부인은 육친(六親)을 화목하게 하고, 간악한 부인은 육친의 화목을 깨뜨리느니라.

역주 六親 : 원래 부·모·형·제·처·자의 여섯 친족을 가리키나 모든 친척을 널리 지칭하는 말로 쓰인다.

增補篇
(증보편)

周易曰 善不積이면 **不足以成名**이요 **惡不積**이면 **不足以滅身**이어늘 **小人**은 **以小善**으로 **爲无益而弗爲也**하고 **以小惡**으로 **爲无傷而弗去也**니라 **故**로 **惡積而不可掩**이요 **罪大而不可解**니라

≪주역(周易)≫에 말하였다. 선(善)을 쌓지 않으면 족히 이름을 이룰 수 없고, 악(惡)을 쌓지 않으면 족히 몸을 망치치 않거늘, 소인은 작은 선을 유익함이 없다 하여 행하지 않고, 작은 악을 해로움이 없다 하여 버리지 않는다. 그러므로 악이 쌓여서 가리우지 못하고, 죄가 커서 풀지 못하느니라.

履霜하면 **堅冰至**하나니 **臣弑其君**하며 **子弑其父**는 **非一朝一夕之事**라 **其所由來者漸矣**니라

破 : 깨뜨릴 파 增 : 더할 증 補 : 보충할 보 无 : 없을 무 弗 : 아닐 불 掩 : 가릴 엄
履 : 밟을 리 霜 : 서리 상 堅 : 굳을 견 冰 : 얼음 빙 弑 : 죽일 시 漸 : 점점 점

서리를 밟으면 단단한 얼음이 〈얼 때가〉 이르나니, 신하가 그 임금을 시해하며 자식이 그 부모를 시해하는 것은 하루아침이나 하루 저녁에 이루어지는 것이 아니라, 그 소유래(所由來)가 점점 이루어진 것이니라.

역주 所由來 : 어떤 사건의 원인(유래)이 되는 것을 뜻한다.

八反歌 八首 桂宮錄

(여덟 편의 반어적(反語的)인 노래로, 부모에게 효도할 것을 권하는 내용이다.)

幼兒는 或詈我하면 我心에 覺懽喜하고 父母는 嗔怒我하면 我心에 反不甘이라 一喜懽一不甘하니 待兒待父心何懸고 勸君今日逢親怒어든 也應將親作兒看하라

어린 아이는 혹 나를 꾸짖으면 내 마음에 기쁨을 깨닫고, 부모는 나를 꾸짖고 성내면 내 마음에 도리어 달갑게 여기지 않느니라. 하나는 기쁘고 하나는 달갑지 않으니, 아이를 대하고 어버이를 대하는 마음이 어찌 그다지도 현격한가. 그대에게 권하노니, 이제 어버이의 노여워함을 만나거든 또한 마땅히 어버이를 어린아이로 바꾸어 보라.

兒曹는 出千言하되 君聽常不厭하고 父母는 一開口하면 便道多閑管이라 非閑管親掛牽이니 皓首白頭에 多諳練이라 勸君敬奉老人言하고 莫教乳

詈 : 꾸짖을 리 懽 : 기쁠 환 嗔 : 성낼 진 待 : 대접할 대 懸 : 현격할 현, 멀 현
也 : 또 야 將 : 써 장 曹 : 무리 조 厭 : 싫을 염 管 : 간섭할 관 掛 : 걸 괘
牽 : 끌 견 皓 : 휠 호 諳 : 알 암 練 : 겪을 련 教 : 하여금 교 乳 : 젖 유

口爭長短하라

어린 아이들은 천 마디 말을 내되 그대가 듣기에 항상 싫지 않고, 부모는 한번 입을 열면 한관(閑管 : 쓸데없는 참견)이 많다고 말하느니라. 한관이 아니라 친히 마음에 걸리고 끌려서이니, 흰 머리가 되도록 긴 세월에 아는 것이 많으니라. 그대에게 권하노니, 늙은 사람의 말을 공경히 받들고 젖냄새 나는 입으로 하여금 길고 짧음을 다투지 말도록 하라.

幼兒尿糞穢는 **君心**에 **無厭忌**로되 **老親涕唾零**엔 **反有憎嫌意**니라 **六尺軀來何處**오 **父精母血成汝體**라 **勸君敬待老來人**하라 **壯時爲爾筋骨敝**니라

어린 아이의 오줌과 똥의 더러움은 그대 마음에 싫어하거나 꺼림이 없으되, 늙은 어버이의 눈물과 침이 떨어짐엔 도리어 미워하고 싫어하는 뜻이 있느니라. 여섯 자의 이 몸이 어느 곳에서 왔는고, 아버지의 정(精)과 어머니의 피로 그대의 몸이 이루어졌느니라. 그대에게 권하노니, 늙어가는 사람을 공경히 대접하라. 젊었을 때에 그대를 위하여 살과 뼈가 닳으셨느니라.

看君晨入市하여 **買餠又買餻**하니 **少聞供父母**하고 **多說供兒曹**라 **親未啖兒先飽**하니 **子心**이 **不比親心好**라 **勸君多出買餠錢**하여 **供養白頭光陰少**하라

그대가 새벽에 시장에 들어가 밀가루떡을 사고 또 흰떡을 사는 것을 보니, 부모에게 드린다는 말은 듣기 어렵고, 아이들에게 준다고 많이 말하느니라. 어버이

尿 : 오줌 뇨　糞 : 똥 분　忌 : 꺼릴 기　涕 : 눈물 체　唾 : 침 타　零 : 떨어질 령
嫌 : 싫어할 혐　軀 : 몸 구　筋 : 힘줄 근　敝 : 해질 폐　晨 : 새벽 신
餠 : 밀가루떡 병　餻 : 떡 고　啖 : 먹을 담　飽 : 배부를 포

는 아직 먹지 않았는데 아이들은 먼저 배부르니, 자식의 마음은 부모의 마음이 좋아하는 것에 비할 수 없느니라. 그대에게 권하노니, 떡 살 돈을 많이 내어 흰머리에 살날이 얼마 남지 않은 어버이를 공양하라.

市間賣藥肆에 惟有肥兒丸하고 未有壯親者하니 何故兩般看고 兒亦病親亦病에 醫兒不比醫親症이라 割股還是親的肉이니 勸君亟保雙親命하라

시장 사이 약 파는 가게에 오직 아이를 살찌게 하는 환약만 있고 어버이를 튼튼하게 하는 약은 없으니, 무슨 까닭으로 두 가지로 보는고. 아이도 병들고 어버이도 병들었을 때에 아이의 병을 고치는 것이 어버이의 병을 고치는 것에 비할 수 없느니라. 다리를 베더라도 도로 어버이의 살이니, 그대에게 권하노니 빨리 두 분 어버이의 목숨을 보호하라.

富貴엔 養親易로되 親常有未安하고 貧賤엔 養兒難하되 兒不受饑寒이라 一條心兩條路에 爲兒終不如爲父라 勸君養親如養兒하고 凡事를 莫推家不富하라

부하고 귀하면 어버이를 봉양하기가 쉽되 어버이는 항상 편치 못한 마음이 있고, 가난하고 천하면 아이를 기르기가 어렵되 아이는 배고픔과 추위를 받지 않느니라. 한 가지 마음 두 가지 길에 아이를 위함이 마침내 어버이를 위함만 같지 못하니라. 그대에게 권하노니, 두 분 어버이 섬기기를 아이를 기르는 것과 같이 하고, 모든 일을 집이 부유하지 못하다고 미루지 말라.

賣 : 팔 매　肆 : 가게 사　惟 : 오직 유　肥 : 살찔 비　丸 : 환약 환
壯 : 건장할 장　般 : 가지 반　醫 : 고칠 의　症 : 증세 증　割 : 벨 할
股 : 다리 고　亟 : 빠를 극　易 : 쉬울 이　饑 : 주릴 기　條 : 가지 조
爲 : 위할 위　推 : 밀 추, 핑계할 퇴

養親엔 **只二人**이로되 **常與兄弟爭**하고 **養兒**엔 **雖十人**이나 **君皆獨自任**이라 **兒飽煖親常問**하되 **父母饑寒不在心**이라 **勸君養親**을 **須竭力**하라 **當初衣食**이 **被君侵**이니라

어버이를 봉양함엔 다만 두 분인데도 항상 형제들과 다투고, 아이를 기름엔 비록 열 사람이 되더라도 그대가 모두 스스로 맡느니라. 아이의 배부르고 따뜻함은 친히 항상 묻되, 부모의 배고프고 추운 것은 마음에 있지 않느니라. 그대에게 권하노니, 어버이를 봉양함에 모름지기 힘을 다하라. 당초에 옷과 밥이 그대에게 빼앗김을 당했느니라.

親有十分慈하되 **君不念其恩**하고 **兒有一分孝**하면 **君就揚其名**이라 **待親暗待兒明**하니 **誰識高堂養子心**고 **勸君漫信兒曹孝**하라 **兒曹樣子在君身**이니라

어버이는 십분(十分)의 사랑함이 있으되 그대는 그 은혜를 생각하지 않고, 자식은 일분(一分)의 효도함이 있으면 그대는 나아가 그 이름을 드날리느니라. 어버이를 대함은 어둡고 자식을 대함은 밝으니, 누가 어버이의 자식 기르는 마음을 알까? 그대에게 권하노니, 아이들의 효도를 크게 믿지 말라. 아이들의 본보기〔樣子〕가 그대 자신에게 있노라.

獨 : 홀로 독　任 : 맡을 임　煖 : 따뜻할 난　須 : 모름지기 수　竭 : 다할 갈
被 : 입을 피　侵 : 침노할 침　慈 : 사랑할 자　就 : 나아갈 취　揚 : 날릴 양
漫 : 아득할 만　曹 : 무리 조　樣 : 모양 양, 본 양

孝行篇 續
(효행에 대한 글 속편)

孫順이 **家貧**하여 **與其妻**로 **傭作人家以養母**할새 **有兒每奪母食**이라 **順**이 **謂妻曰 兒奪母食**하니 **兒**는 **可得**이어니와 **母難再求**라하고 **乃負兒往歸醉山北郊**하여 **欲埋掘地**러니 **忽有甚奇石鍾**이어늘 **驚怪試撞之**하니 **春容可愛**라 **妻曰 得此奇物**은 **殆兒之福**이라 **埋之不可**라한대 **順**이 **以爲然**하여 **將兒與鍾還家**하여 **懸於樑撞之**러니 **王**이 **聞鍾聲淸遠異常而覈聞其實**하고 **曰 昔**에 **郭巨埋子**엔 **天賜金釜**러니 **今孫順埋兒**엔 **地出石鍾**하니 **前後符同**이라하고 **賜家一區**하고 **歲給米五十石**하니라

손순(孫順)이 집이 가난하여 그의 아내와 더불어 남의 집에 품을 팔아 어머니를 봉양하였는데, 아이가 있어 언제나 어머니의 밥을 빼앗아 먹었다. 손순이 아내에게 이르기를 "아이가 어머니의 밥을 빼앗아 먹으니, 아이는 또 얻을 수 있거니와 어머니는 다시 구하기 어렵다." 하고 마침내 아이를 업고 귀취산(歸醉山) 북쪽 교외로 가서 묻으려고 땅을 팠는데, 문득 심히 기이한 석종(石鍾)이 있거늘 놀랍고 괴이하게 여겨 시험 삼아 쳐보니, 소리가 멀리 퍼져 듣기 좋았다. 아내가 말하기

傭 : 품팔이 용　作 : 일할 작　奪 : 빼앗을 탈　醉 : 취할 취　埋 : 묻을 매
掘 : 팔 굴　忽 : 홀연 홀　怪 : 괴이할 괴　撞 : 칠 당　春 : 종용할 용, 절구 용
殆 : 자못 태　將 : 받들 장　懸 : 매달 현　樑 : 들보 량　覈 : 조사할 핵
郭 : 성 곽　賜 : 줄 사　釜 : 가마솥 부　符 : 들어맞을 부　給 : 줄 급　石 : 섬 석

를 "이 기이한 물건을 얻은 것은 아마도 아이의 복인 듯하니 땅에 묻는 것은 옳지 못하다." 하자 손순이 옳게 여겨 아이와 종을 가지고 집으로 돌아와 종을 대들보에 매달고 쳤다.

이 때 왕이 그 종소리가 맑고 멀리 퍼져 이상함을 듣고는 그 사실을 자세히 조사하여 알고 말씀하기를 "옛적에 곽거(郭巨)가 아들을 묻었을 적엔 하늘이 금으로 만든 가마솥을 주시더니, 이제 손순이 아들을 묻음엔 땅에서 석종이 나왔으니 앞과 뒤가 서로 꼭 맞는다." 하고 집 한 채를 주고 해마다 쌀 50석(石)을 주니라.

역주 孫順 : 경주 손씨(慶州孫氏)의 시조로, 신라 42대 왕인 흥덕왕(興德王) 때 신라 삼기(三器)의 하나인 석종(石鐘)을 얻은 효자이다.
郭巨 : 중국 후한(後漢) 때의 효자이다.

尙德이 値年荒癘疫하여 父母飢病濱死라 尙德이 日夜不解衣하고 盡誠安慰하되 無以爲養이면 則刲髀肉食(사)之하고 母發癰에 吮之卽癒라 王이 嘉之하여 賜賚甚厚하고 命旌其門하고 立石紀事하니라

상덕(尙德)은 흉년과 열병이 유행하는 때를 만나 부모가 굶주리고 병들어 죽게 되었다. 상덕이 낮이나 밤이나 옷을 벗지 않고 정성을 다하여 편안히 위로하되, 봉양할 것이 없으면 넓적다리 살을 베어 잡수시게 하고, 어머니가 종기가 나자 입으로 빨아서 곧 낫게 하였다.

왕이 이 말을 듣고 가상히 여겨 물건을 하사하기를 심히 후하게 하고, 명하여 그 마을에 정려문(旌閭門)을 세우게 하고 비석을 세워 이 일을 기록하게 하였다.

역주 尙德 : 신라 때 사람으로 효성이 지극하였다고 한다.
命旌閭門 : 충신이나 효자, 열녀를 기리기 위하여 그가 사는 마을에 정려문을 세우고 그 안에 그 사실을 기록한 현판을 게시함을 이른다.

値 : 만날 치 荒 : 흉년들 황 癘 : 질병 려 疫 : 질병 역
濱 : 물가 빈, 가까울 빈 慰 : 위로할 위 刲 : 저밀 규 髀 : 다리 비(폐)
食 : 먹일 사 癰 : 종기 옹 吮 : 빨 연 癒 : 병나을 유 嘉 : 가상할 가
賚 : 줄 뢰 旌 : 표창할 정 紀 : 기록할 기

都氏家貧至孝라 賣炭買肉하여 無闕母饌이러라 一日은 於市에 晩而忙歸러니 鳶忽攫肉이어늘 都悲號至家하니 鳶旣投肉於庭이러라 一日은 母病索非時之紅枾어늘 都彷徨枾林하여 不覺日昏이러니 有虎屢遮前路하고 以示乘意라 都乘至百餘里山村하여 訪人家投宿이러니 俄而主人이 饋祭飯而有紅枾라 都喜하여 問枾之來歷하고 且述己意한대 答曰 亡父嗜枾라 故로 每秋에 擇枾二百個하여 藏諸窟中하여 而至此五月이면 則完者不過七八이라가 今得五十個完者라 故로 心異之러니 是天感君孝라하고 遺以二十顆어늘 都謝出門外하니 虎尙俟伏이라 乘至家하니 曉鷄喔喔이러라 後에 母以天命으로 終에 都有血淚러라

도씨(都氏)는 집이 가난하였는데 효성이 지극하였다. 숯을 팔아 고기를 사서 어머니의 반찬을 빠짐없이 공양하였다. 하루는 장에서 늦어 바삐 돌아오는데 솔개가 갑자기 고기를 채 가거늘 도씨가 슬피 울며 집에 와보니, 솔개가 벌써 고기를 집안 뜰에 던져 놓았더라.

하루는 어머니가 병이 나서 제철이 아닌 홍시(紅枾)를 찾거늘 도씨가 감나무 숲을 방황하여 날이 저문 것도 모르고 있었는데 호랑이가 있어 여러 번 앞길을 가로막고 타라는 뜻을 보였다. 도씨는 호랑이를 타고 백여 리나 되는 산마을에 이

賣 : 팔 매　炭 : 숯 탄　買 : 살 매　闕 : 빠뜨릴 궐　饌 : 반찬 찬　晩 : 늦을 만
忙 : 바쁠 망　鳶 : 소리개 연　攫 : 움킬 확　索 : 찾을 색　枾 : 감 시　彷 : 방황할 방
徨 : 방황할 황　屢 : 자주 루　遮 : 막을 차　俄 : 잠시 아　饋 : 먹일 궤　嗜 : 즐길 기
窟 : 구멍 굴　顆 : 덩이 과　俟 : 기다릴 사　曉 : 새벽 효　喔 : 울 악　淚 : 눈물 루

르러 인가(人家)를 찾아 투숙하였는데, 얼마 후 집주인이 제사 밥을 차려주는데 홍시가 있었다. 도씨는 기뻐하여 감의 내력을 묻고 또 자신의 뜻을 말하자, 대답하기를 "돌아가신 아버지께서 감을 즐기셨으므로 매년 가을에 감 2백 개를 가려서 굴속에 보관해 두되 이 5월에 이르면 완전한 것이 7, 8개에 지나지 아니하였는데, 지금 50개의 완전한 것을 얻었으므로 마음속에 이상하게 여겼더니, 이것은 하늘이 그대의 효성에 감동한 것이다." 하고는 20개를 내어 주었다. 도씨가 사례하고 문밖에 나오니, 호랑이가 아직도 엎드려서 기다리고 있었다. 호랑이를 타고 집에 돌아오니 새벽닭이 울었다. 뒤에 어머니가 천명(天命)으로 돌아가시자, 도씨는 슬퍼하여 피눈물을 흘렸다.

역주 都氏 : 조선(朝鮮) 철종(哲宗) 때 사람이라 한다.

廉義篇
(청렴에 대한 글)

印觀이 賣綿於市할새 有署調者以穀買之而還이러니 有鳶이 攫其綿하여 墮印觀家어늘 印觀이 歸于署調曰 鳶墮汝綿於吾家라 故로 還汝하노라 署調曰 鳶이 攫綿與汝는 天也라 吾何受爲리오 印觀曰 然則還汝穀하리라 署調曰 吾與汝者市二日이니 穀已屬汝矣라하고 二人이 相讓이라가 幷棄於市하니 掌市官이 以聞王하여 竝賜爵하니라

인관(印觀)이 장에서 솜을 파는데 서조(署調)라는 자가 곡식으로써 솜을 사 가지고 돌아갔는데, 솔개가 그 솜을 채 가지고 가서 인관의 집에 떨어뜨렸다. 인관

廉 : 청렴할 렴 印 : 인 인 觀 : 볼 관 綿 : 솜 면 署 : 마을 서 調 : 고를 조
穀 : 곡식 곡 墮 : 떨어질 타 與 : 줄 여 屬 : 붙일 속 讓 : 사양 양
幷 : 내버릴 병 棄 : 버릴 기 掌 : 맡을 장 官 : 벼슬 관 賜 : 줄 사

이 서조에게 솜을 돌려보내며 말하기를 "솔개가 너의 솜을 내 집에 떨어뜨렸으므로 너에게 돌려보낸다." 하니, 서조는 말하기를 "솔개가 솜을 채다가 너에게 준 것은 하늘이 한 것이다. 내가 어찌 받겠는가?" 하였다. 인관이 말하기를 "그렇다면 〈솜 값으로 받은〉 너의 곡식을 돌려보내겠다." 하자, 서조는 말하기를 "내가 너에게 준 지가 벌써 두 장이 지났으니, 곡식은 이미 너에게 속하였다." 하였다. 그리하여 두 사람이 서로 사양하다가 솜과 곡식을 다 함께 장에 버리니, 장을 맡아 다스리는 관원이 이 사실을 임금께 아뢰어 모두 벼슬을 주었다.

역주 印觀 : 신라 때 사람이다.
署調 : 신라 때 사람이다.

洪公耆爕이 少貧甚無聊러니 一日朝에 婢兒踊躍獻七兩錢曰 此在鼎中하니 米可數石이요 柴可數馱니 天賜天賜니이다 公驚曰 是何金고하고 卽書失金人推去等字하여 付之門楣而待러니 俄而姓劉者來問書意어늘 公悉言之한대 劉曰 理無失金於人之鼎內하니 果天賜也라 盍取之닛고 公曰 非吾物에 何오 劉俯伏曰 小的이 昨夜에 爲竊鼎來라가 還憐家勢蕭條而施之러니 今感公之廉价하고 良心自發하여 誓不更盜하고 願欲常侍하오니 勿慮取之하소서 公卽還金曰 汝之爲良則善矣나 金不可取라하고 終不受하니라 後에 公爲判書하고

耆 : 늙을 기 爕 : 빛날 섭 聊 : 애오라지 료, 즐거울 료 婢 : 계집종 비
踊 : 뛸 용 躍 : 뛸 약 獻 : 바칠 헌 鼎 : 솥 정 柴 : 나무 시 馱 : 짐실을 태
楣 : 문설주 미 俄 : 잠시 아 悉 : 다 실 盍 : 어찌아니할 합 俯 : 구부릴 부
竊 : 훔칠 절 蕭 : 쓸쓸할 소 价 : 청렴할 개 誓 : 맹세 서 更 : 다시 갱

其子在龍이 爲憲宗國舅하며 劉亦見信하여 身家大昌하니라

홍공 기섭(洪公耆燮)이 젊었을 때에 가난하여 심히 무료(無聊)하였는데, 하루는 아침에 어린 계집종이 기뻐하여 뛰며 돈 일곱 냥을 바치면서 말하기를 "이것이 솥 안에 있으니, 쌀이 몇 섬이요, 나무가 몇 바리 어치입니다. 참으로 하늘이 주신 것입니다." 하였다. 공이 놀라서 말하기를 "이것이 어찌된 돈인고?" 하고, 곧 돈 잃은 사람은 찾아가라는 글을 써서 대문 위에 붙여놓고 기다렸다.

얼마 후 유가(劉哥)라는 자가 찾아와 글 뜻을 묻자, 공은 자세히 내용을 말해주었다. 유가가 말하기를 "남의 솥 안에다 돈을 잃을 리가 없으니, 참으로 하늘이 주신 것입니다. 왜 취하지 않으십니까?" 하였다. 공이 말하기를 "나의 물건이 아닌데 어찌하겠는가." 하였다. 유가가 엎드려 말하기를 "소적(小的 : 소인)이 어젯밤에 솥을 훔치러 왔다가 도리어 가세(家勢)가 너무 쓸쓸한 것을 불쌍히 여겨 이것을 놓고 갔습니다. 소인은 이제 공의 청렴함에 감동하고 양심(良心)이 저절로 우러나와 다시는 도둑질을 않을 것을 맹세하옵고, 앞으로는 항상 옆에서 모시기를 원하오니, 염려마시고 취하소서." 하였다.

공이 즉시 돈을 돌려주며 말하기를 "네가 좋은 사람이 된 것은 참 좋으나 이 돈은 취할 수 없다." 하고 끝내 받지 않았다. 뒤에 공은 판서(判書)가 되고 그의 아들 재룡(在龍)은 헌종(憲宗)의 국구(國舅 : 부원군)가 되었으며, 유가 또한 신임을 얻어 몸과 집안이 크게 번창하였다.

역주 洪耆燮 : 조선 순조(純祖) 때의 인물이다.
家貧甚無聊 : 무료(無聊)는 '즐겁지 않음'을 뜻하는데, 원본에는 무료(無料)로 되어 있으나 뜻이 분명치 않으므로 통행본(通行本)을 따랐다.

高句麗平原王之女 幼時에 好啼러니 王戱曰 以汝로 將歸于愚溫達하리라 及長에 欲下嫁于上部高氏한대 女以王不可食言이라하여 固辭하고 終

憲 : 법 헌　舅 : 장인 구　句 : 글귀 구　麗 : 고울 려　原 : 언덕 원
啼 : 울 제　戱 : 희롱할 희　汝 : 너 여　嫁 : 시집갈 가　部 : 마을 부

爲溫達之妻하니라 **蓋溫達**이 **家貧**하여 **行乞養母**하니 **時人**이 **目爲愚溫達也**러라 **一日**은 **溫達**이 **自山中**으로 **負楡皮而來**하니 **王女訪見曰 吾乃子之匹也**라하고 **乃賣首飾**하여 **而買田宅器物頗富**하고 **多養馬以資溫達**하여 **終爲顯榮**하니라

고구려 평원왕(平原王)의 딸이 어렸을 때에 울기를 좋아하니, 왕이 희롱하여 말하기를 "너를 장차 바보 온달(溫達)에게 시집보내리라." 하였다. 딸이 장성하자, 상부(上部) 고씨(高氏)에게 시집을 보내려 하니, 딸이 임금은 식언(食言)을 해서는 안 된다 하여 굳이 사양하고 마침내 온달의 아내가 되었다.

온달은 집이 가난하여 다니며 구걸하여 어머니를 봉양하니, 당시 사람들이 지목하여 바보 온달이라고 한 것이었다. 하루는 온달이 산속으로부터 느릅나무 껍질을 짊어지고 돌아오니, 임금의 딸이 찾아와 보고 말하기를 "나는 바로 그대의 아내입니다." 하고는 머리의 장식품을 팔아 밭과 집과 기물을 사기를 꽤 많이 하고, 말을 많이 길러 온달을 도와 마침내 영달하게 되었다.

역주 平原王 : 고구려의 제25대 왕으로 재위(在位)는 559~590이었다.
溫達 : 고구려 평원왕 때의 장군으로 북주(北周) 무제(武帝)의 군사를 쳐서 공을 세워 대형(大兄)이라는 벼슬에 올랐다.

勸學篇
(배움을 권하는 글)

朱子曰 勿謂今日不學而有來日하며 **勿謂今年不學而有來年**하라 **日月逝矣**라 **歲不我延**이니 **嗚**

蓋 : 대개 개 乞 : 빌 걸 愚 : 어리석을 우 負 : 질 부 楡 : 느릅나무 유
訪 : 찾을 방 匹 : 짝 필 飾 : 꾸밀 식 頗 : 자못 파 資 : 도울 자
顯 : 나타날 현 勸 : 권할 권 逝 : 갈 서 延 : 늦출 연 嗚 : 슬플 오

呼老矣라 是誰之愆고

주자(朱子)가 말씀하였다. 오늘 배우지 않으면서 내일이 있다고 말하지 말며, 금년에 배우지 않으면서 내년이 있다고 말하지 말라. 해와 달이 가니, 세월은 나를 위해 기다려주지 않는다. 아! 늙었도다. 이 누구의 허물인가.

少年易老學難成하니 一寸光陰不可輕이라 未覺池塘春草夢하여 階前梧葉已秋聲이라

소년은 늙기 쉽고 학문은 이루기 어려우니, 한 치의 광음(光陰 : 짧은 시간)도 가벼이 여기지 말라. 못가의 봄풀 꿈을 아직 깨지 못했는데, 어느덧 섬돌 앞 오동나무는 벌써 가을 소리를 내느니라.

역주 春草 : 춘초(春草)는 인생의 소년 시절을, 오엽(梧葉)은 노년 시절을 비유한 것으로 소년이 노년 되기는 쉽지만 학문을 이루기 어려우니, 짧은 시간이라도 헛되이 보내지 말라는 것이다.

陶淵明詩云 盛年은 不重來하고 一日은 難再晨이니 及時當勉勵하라 歲月은 不待人이니라

도연명(陶淵明)의 시에 말하였다. 성년(盛年 : 젊은 때)은 거듭 오지 않고, 하루는 새벽이 두 번 있기 어려우니, 때에 미쳐 마땅히 학문에 힘써라. 세월은 사람을 기다려주지 않느니라.

역주 陶淵明 : 동진(東晉)의 은사(隱士)로, 이름은 잠(潛)이고 자는 원량(元亮)이다. 저서로 ≪도정절집(陶靖節集)≫이 있으며 〈귀거래사(歸去來辭)〉가 유명하다.

荀子曰 不積蹞(跬)步면 無以至千里요 不積小

愆 : 허물 건 陰 : 그늘 음 覺 : 깨달을 각, 깰 교 塘 : 못 당 夢 : 꿈 몽
階 : 섬돌 계 梧 : 오동나무 오 陶 : 질그릇 도 淵 : 못 연 盛 : 성할 성
重 : 거듭 중 勉 : 힘쓸 면 勵 : 힘쓸 려 積 : 쌓을 적 蹞 : 반걸음 규

流면 無以成江河니라

순자(荀子)가 말하였다. 반걸음을 쌓지 않으면 천 리에 이르지 못하고, 작은 물을 모으지 않으면 강하(江河)를 이루지 못하느니라.

전통문화연구회 도서목록

新編 基礎漢文教材·漢文讀解捷徑

新編 四字小學·推句 고전교육연구실 編譯 11,000원
新編 啓蒙篇·童蒙先習 고전교육연구실 編譯 11,000원
新編 明心寶鑑 李祉坤·元周用 譯註 15,000원
新編 擊蒙要訣 咸賢贊 譯註 12,000원
新編 註解千字文 李忠九 譯註 13,000원
新編 原文으로 읽는 故事成語 元周用 編譯 15,000원
新編 唐音註解選 權卿相 譯註 22,000원
漢文독해 기본패턴 고전교육연구실 著 15,000원
四書독해첩경 고전교육연구실 著 20,000원
한문독해첩경 文學篇 朴相水 李和春 李祉坤 元周用 著 15,000원
한문독해첩경 史學篇 朴相水 李和春 李祉坤 元周用 著 15,000원
한문독해첩경 哲學篇 朴相水 李和春 李祉坤 元周用 著 15,000원

東洋古典國譯叢書

大學·中庸集註 - 개정증보판 成百曉 譯註 10,000원
論語集註 - 개정증보판 成百曉 譯註 27,000원
孟子集註 - 개정증보판 成百曉 譯註 30,000원
詩經集傳 上·下 成百曉 譯註 各 35,000원
書經集傳 上·下 成百曉 譯註 各 35,000원
周易傳義 上·下 成百曉 譯註 各 40,000원
小學集註 成百曉 譯註 30,000원
古文眞寶 後集 成百曉 譯註 32,000원

五書五經讀本

論語集註 上·下 鄭太鉉 譯註 各 25,000원
孟子集註 上·下 田炳秀·金東柱 譯註 各 30,000원
大學·中庸集註 李光虎·田炳秀 譯註 15,000원
小學集註 上·下 李忠九 外 譯註 各 25,000원
詩經集傳 上·中·下 朴小東 譯註 各 30,000원
書經集傳 上·中·下 金東柱 譯註 各 30,000원
周易傳義 元·亨·利·貞 崔英辰 外 譯註 各 30,000원
詳說古文眞寶大全後集 上·下 李相夏 外 譯註 各 32,000원
春秋左氏傳 上·中·下 許鎬九 外 譯註 各 36,000원~38,000원
禮記 上·中·下 成百曉 外 譯註 各 30,000원

東洋古典譯註叢書

〈經部〉

十三經注疏
周易正義 1~4 成百曉·申相厚 譯註 各 30,000원~40,000원
尙書正義 1~7 金東柱 譯註 各 25,000원~36,000원
毛詩正義 1~8 朴小東 外 譯註 各 32,000원~37,000원
禮記正義 1~3, 中庸·大學 李光虎 外 譯註 各 20,000원~30,000원
論語注疏 1~3 鄭太鉉·李聖敏 譯註 各 25,000원~40,000원
孟子注疏 1~4 崔彩基·梁基正 譯註 各 29,000원~30,000원
孝經注疏 鄭太鉉·姜珉廷 譯註 35,000원
周禮注疏 1~4 金容天·朴禮慶 譯註 各 27,000원~34,000원
春秋左傳正義 1~2 許鎬九 外 譯註 各 27,000원~32,000원
春秋公羊傳注疏 1 宋基采 外 譯註 37,000원
春秋左氏傳 1~8 鄭太鉉 譯註 各 18,000원~35,000원
禮記集說大全 1~6 辛承云 外 譯註 各 25,000원~40,000원
東萊博議 1~5 鄭太鉉·金炳愛 譯註 各 25,000원~35,000원
韓詩外傳 1~2 許敬震 外 譯註 各 29,000원~33,000원
說文解字注 1~5 李忠九 外 譯註 各 32,000원~38,000원

〈史部〉

思政殿訓義 資治通鑑綱目 1~23 辛承云 外 譯註 各 18,000원~35,000원
通鑑節要 1~9 成百曉 譯註 各 18,000원~40,000원
唐陸宣公奏議 1~2 沈慶昊·金愚政 譯註 各 35,000원~45,000원
貞觀政要集論 1~4 李忠九 外 譯註 各 25,000원~32,000원
列女傳補注 1~2 崔秉準·孔勤植 譯註 各 30,000원~38,000원
歷代君鑑 1~4 洪起殷·全百燦 譯註 各 32,000원~35,000원

〈子部〉

孔子家語 1~2 許敬震 外 譯註 各 35,000원/36,000원
管子 1~4 李錫明·金帝蘭 譯註 各 30,000원~32,000원
近思錄集解 1~3 成百曉 譯註 各 25,000원/35,000원
老子道德經注 金是天 譯註 30,000원
大學衍義 1~5 辛承云 外 譯註 各 26,000원~30,000원
墨子閒詁 1~6 李相夏 外 譯註 各 32,000원~38,000원
說苑 1~2 許鎬九 譯註 各 25,000원
世說新語補 1~5 金鏞玉 外 譯註 各 29,000원~40,000원
荀子集解 1~7 宋基采 譯註 各 25,000원~38,000원
心經附註 成百曉 譯註 35,000원
顔氏家訓 1~2 鄭在書·盧暻熙 譯註 各 22,000원/25,000원
揚子法言 1 朴勝珠 譯註 24,000원
列子鬳齋口義 崔秉準·孔勤植·權憲俊 共譯 34,000원
二程全書 1~6 崔錫起·姜導顯 譯註 各 30,000원~38,000원
莊子 1~4 安炳周·田好根 共譯 各 25,000원~30,000원
政經·牧民心鑑 洪起殷·全百燦 譯註 27,000원
韓非子集解 1~5 許鎬九 外 譯註 各 32,000원~38,000원
武經七書直解
孫武子直解·吳子直解 成百曉·李蘭洙 譯註 35,000원
六韜直解·三略直解 成百曉·李鍾德 譯註 26,000원
尉繚子直解·李衛公問對直解 成百曉·李蘭洙 譯註 26,000원
司馬法直解 成百曉·李蘭洙 譯註 26,000원

〈集部〉

古文眞寶 前集 成百曉 譯註 30,000원
唐詩三百首 1~3 宋載卲 外 譯註 各 25,000원~36,000원
唐宋八大家文抄 韓愈 1~3 鄭太鉉 譯註 各 22,000원/28,000원
〃 歐陽脩 1~7 李相夏 譯註 各 25,000원~35,000원
〃 王安石 1~2 申用浩·許鎬九 共譯 各 20,000원/25,000원
〃 蘇洵 李章佑 外 譯註 25,000원
〃 蘇軾 1~5 成百曉 譯註 各 22,000원
〃 蘇轍 1~3 金東柱 譯註 各 20,000원~22,000원
〃 曾鞏 宋基采 譯註 25,000원
〃 柳宗元 1~2 宋基采 譯註 各 22,000원
明淸八大家文鈔 1 歸有光·方苞 李相夏 外 譯註 35,000원
〃 2 劉大櫆·姚鼐 李相夏 外 譯註 35,000원
〃 3 梅曾亮·曾國藩 李相夏 外 譯註 38,000원
〃 4 張裕釗·吳汝綸 李相夏 外 譯註 근간

東洋古典新譯

당시선 송재소·최경렬·김영죽 편역 22,000원
손자병법 성백효 역주 14,000원
장자 안병주·전호근·김형석 역주 13,000원
고문진보 후집 신용호 번역 28,000원
노자도덕경 김시천 역주 15,000원
고문진보 전집 上·下 신용호 번역 각 22,000원
신식 비문척독 박상수 번역 25,000원
안씨가훈 김창진 번역 근간

동양문화총서

동양사상 해설과 원전 정규훈 外 저 22,000원
화합의 길 《중용》 읽기 금장태 저 20,000원
호설과 시장 신용호 저 20,000원
어느 노학자의 젊은 시절 - 《고문진보》 選譯 심재기 저 22,000원

문화문고

경전으로 본 세계종교 그리스도교 이정배 편저 10,000원
〃 도교 이강수 편역 10,000원
〃 천도교 윤석산·홍성엽 편저 10,000원
〃 힌두교 길희성 편역 10,000원
〃 유교 이기동 편저 10,000원
〃 불교 김용표 편저 10,000원
〃 이슬람 김영경 편역 10,000원
논어·대학·중용 / 맹자 조수익·박승주 공역 각 10,000원
소학 박승주·조수익 공역 10,000원
십구사략 1~2 정광호 저 각 12,000원
무경칠서 손자병법·오자병법 성백효 역 10,000원
〃 육도·삼략 성백효 역 10,000원
〃 사마법·울료자·이위공문대 성백효 역 10,000원
당시선 송재소·최경렬·김영죽 편역 10,000원
한문문법 이상진 저 10,000원
한자한문전통교재 조수익·이성민 공역 10,000원
士小節 선비 집안의 작은 예절 이동희 편역 12,000원
儒學이란 무엇인가 이동희 저 10,000원
동아시아의 유교와 전통문화 이동희 저 13,000원
현대인, 동양고전에서 길을 찾다 이동희 저 10,000원
100자에 담긴 한자문화 이야기 김경수 저 12,000원
우리 설화 1~2 김동주 편역 각 10,000원
대한민국 국무총리 이재원 저 10,000원
백운거사 이규보의 문학인생 신용호 저 14,000원

基礎漢文敎材 5

懸吐完譯 **明心寶鑑** 　　정가 11,000원

1992년 09월 25일 초판 발행
1998년 07월 20일 초판 12쇄
2023년 11월 15일 증보판 30쇄

譯　註　成百曉
編　輯　東洋古典飜譯編輯委員會
發行人　宋丙大
發行處　社團法人 傳統文化研究會
서울 종로구 삼봉로 81 두산위브파빌리온 1332호
전화 : (02)762-8401　전송 : (02)747-0083
전자우편 : juntong@juntong.or.kr
홈페이지 : juntong.or.kr
사이버書堂 : cyberseodang.or.kr
등록 : 1989. 7. 3.　제1-936호

인쇄처　한국법령정보주식회사(02-462-3860)
총　판　한국출판협동조합(070-7119-1750)

ISBN 978-89-91720-31-2 04710
　　　978-89-85395-49-6(세트)

明心寶鑑 讀本

目次

繼善篇

子曰 爲善者 天報之以福 爲不善者 天報之以禍

漢昭烈將終 勅後主曰 勿以善小而不爲 勿以惡小而爲之

莊子曰 一日不念善 諸惡皆自起

太公曰 見善如渴 聞惡如聾 又曰 善事須貪 惡事莫樂

馬援曰 終身行善 善猶不足 一日行惡 惡自有餘

司馬溫公曰 積金以遺子孫 未必子孫能盡守 積書以遺子孫 未必子孫能盡讀 不如積陰德於冥冥之中 以爲子孫之計也

景行錄曰 恩義廣施 人生何處不相逢 讐怨莫結 路逢狹

處難回避

莊子曰 於我善者 我亦善之 於我惡者 我亦善之 我既於人無惡 人能於我無惡哉

東嶽聖帝垂訓曰 一日行善 福雖未至 禍自遠矣 一日行惡 禍雖未至 福自遠矣 行善之人 如春園之草 不見其長 日有所增 行惡之人 如磨刀之石 不見其損 日有所虧

子曰 見善如不及 見不善如探湯

天命篇

孟子曰 順天者存 逆天者亡

康節邵先生曰 天聽寂無音 蒼蒼何處尋 非高亦非遠 都只在人心

玄帝垂訓曰 人間私語 天聽若雷 暗室欺心 神目如電

益智書云 惡鑵若滿 天必誅之

莊子曰 若人作不善 得顯名者 人雖不害 天必戮之

種瓜得瓜 種豆得豆 天網恢恢 疎而不漏

子曰 獲罪於天 無所禱也

順命篇

子曰 死生有命 富貴在天

萬事分已定 浮生空自忙

景行錄云 禍不可倖免 福不可再求

時來風送滕王閣 運退雷轟薦福碑

列子曰 癡聾瘖啞家豪富 智慧聰明却受貧 年月日時該載定 算來由命不由人

孝行篇

詩曰 父兮生我 母兮鞠我 哀哀父母 生我劬勞 欲報深恩 昊天罔極

子曰 孝子之事親也 居則致其敬 養則致其樂 病則致其憂 喪則致其哀 祭則致其嚴

子曰 父母在 不遠遊 遊必有方

子曰 父命召 唯而不諾 食在口則吐之

太公曰 孝於親 子亦孝之 身旣不孝 子何孝焉

孝順還生孝順子 忤逆還生忤逆兒 不信但看簷頭水 點點滴滴不差移

正己篇

性理書云 見人之善 而尋己之善 見人之惡 而尋己之惡 如此方是有益

景行錄云 大丈夫當容人 無爲人所容

太公曰 勿以貴己而賤人 勿以自大而蔑小 勿以恃勇而輕敵

馬援曰 聞人之過失 如聞父母之名 耳可得聞 口不可言也

康節邵先生曰 聞人之謗 未嘗怒 聞人之譽 未嘗喜 聞人之惡 未嘗和 聞人之善 則就而和之 又從而喜之 其詩曰 樂見善人 樂聞善事 樂道善言 樂行善意 聞人之惡 如負芒刺 聞人之善 如佩蘭蕙

道吾善者是吾賊　道吾惡者是吾師

太公曰　勤爲無價之寶　愼是護身之符

景行錄曰　保生者寡慾　保身者避名　無慾易　無名難

子曰　君子有三戒　少之時　血氣未定　戒之在色　及其壯也　血氣方剛　戒之在鬪　及其老也　血氣旣衰　戒之在得

孫眞人養生銘云　怒甚偏傷氣　思多太損神　神疲心易役　氣弱病相因　勿使悲歡極　當令飮食均　再三防夜醉　第一戒晨嗔

景行錄曰　食淡精神爽　心淸夢寐安

定心應物　雖不讀書　可以爲有德君子

近思錄云　懲忿如救火　窒慾如防水

夷堅志云　避色如避讐　避風如避箭　莫喫空心茶　少食中夜飯

荀子曰 無用之辯 不急之察 棄而勿治

子曰 衆好之 必察焉 衆惡之 必察焉

酒中不語眞君子 財上分明大丈夫

萬事從寬 其福自厚

太公曰 欲量他人 先須自量 傷人之語 還是自傷 含血噴人 先汚其口

凡戲無益 惟勤有功

太公曰 瓜田不納履 李下不整冠

景行錄曰 心可逸 形不可不勞 道可樂 心不可不憂 形不勞則怠惰易弊 心不憂則荒淫不定 故逸生於勞而常休 樂生於憂而無厭 逸樂者 憂勞其可忘乎

耳不聞人之非 目不視人之短 口不言人之過 庶幾君子

蔡伯喈曰 喜怒在心 言出於口 不可不愼

宰予晝寢 子曰 朽木不可雕也 糞土之墻不可圬也
紫虛元君誠諭心文曰 福生於清儉 德生於卑退 道生於
安靜 命生於和暢 患生於多慾 禍生於多貪 過生於輕慢
罪生於不仁 戒眼 莫看他非 戒口 莫談他短 戒心 莫自
貪嗔 戒身 莫隨惡伴 無益之言 莫妄說 不干己事 莫妄
爲 尊君王孝父母 敬尊長奉有德 別賢愚恕無識 物順來
而勿拒 物旣去而勿追 身未遇而勿望 事已過而勿思 聰
明多暗昧 算計失便宜 損人終自失 依勢禍相隨 戒之在
心 守之在氣 爲不節而亡家 因不廉而失位 勸君自警於
平生 可歎可驚而可畏 上臨之以天鑑 下察之以地祇 明
有王法相繼 暗有鬼神相隨 惟正可守 心不可欺 戒之戒
之

安分篇

景行錄曰 知足可樂 務貪則憂
知足者 貧賤亦樂 不知足者 富貴亦憂
濫想徒傷神 妄動反致禍
知足常足 終身不辱 知止常止 終身無恥
書曰 滿招損 謙受益
安分吟曰 安分身無辱 知幾心自閑 雖居人世上 却是出人間
子曰 不在其位 不謀其政

存心篇

景行錄云 坐密室如通衢 馭寸心如六馬 可免過

擊壤詩云　富貴如將智力求　仲尼年少合封侯　世人不解青天意　空使身心半夜愁

范忠宣公戒子弟曰　人雖至愚　責人則明　雖有聰明　恕己則昏　爾曹但常以責人之心責己　恕己之心恕人　則不患不到聖賢地位也

子曰　聰明思睿　守之以愚　功被天下　守之以讓　勇力振世　守之以怯　富有四海　守之以謙

素書云　薄施厚望者不報　貴而忘賤者不久

施恩勿求報　與人勿追悔

孫思邈曰　膽欲大而心欲小　智欲圓而行欲方

念念要如臨戰日　心心常似過橋時

懼法朝朝樂　欺公日日憂

朱文公曰　守口如瓶　防意如城

心不負人　面無慙色
人無百歲人　枉作千年計
寇萊公六悔銘云　官行私曲失時悔　富不儉用貧時悔　藝
不少學過時悔　見事不學用時悔　醉後狂言醒時悔　安不
將息病時悔
益智書云　寧無事而家貧　莫有事而家富　寧無事而住茅
屋　不有事而住金屋　寧無病而食麤飯　不有病而服良藥
心安茅屋穩　性定菜羹香
景行錄云　責人者不全交　自恕者不改過
夙興夜寐　所思忠孝者　人不知　天必知之　飽食煖衣　怡
然自衛者　身雖安　其如子孫何
以愛妻子之心事親　則曲盡其孝　以保富貴之心奉君　則
無往不忠　以責人之心責己　則寡過　以恕己之心恕人　則

全交
爾謀不臧 悔之何及 爾見不長 敎之何益 利心專則背道
私意確則滅公
生事事生 省事事省

戒性篇

景行錄云 人性如水 水一傾則不可復 性一縱則不可反
制水者必以堤防 制性者必以禮法
忍一時之忿 免百日之憂
得忍且忍 得戒且戒 不忍不戒 小事成大
愚濁生嗔怒 皆因理不通 休添心上火 只作耳邊風 長短
家家有 炎涼處處同 是非無實相 究竟摠成空
子張欲行 辭於夫子 願賜一言爲修身之美 子曰 百行之

本 忍之爲上 子張曰 何爲忍之 子曰 天子忍之 國無害
諸侯忍之 成其大 官吏忍之 進其位 兄弟忍之 家富貴
夫妻忍之 終其世 朋友忍之 名不廢 自身忍之 無禍害
子張曰 不忍則如何 子曰 天子不忍 國空虛 諸侯不忍
喪其軀 官吏不忍 刑法誅 兄弟不忍 各分居 夫妻不忍
令子孤 朋友不忍 情意疎 自身不忍 患不除 子張曰 善
哉善哉 難忍難忍 非人不忍 不忍非人
景行錄云 屈己者能處重 好勝者必遇敵
惡人罵善人 善人摠不對 不對心淸閑 罵者口熱沸 正如
人唾天 還從己身墜
我若被人罵 佯聾不分說 譬如火燒空 不救自然滅 我心
等虛空 摠爾飜脣舌
凡事留人情 後來好相見

勤學篇

子夏曰 博學而篤志 切問而近思 仁在其中矣

莊子曰 人之不學 如登天而無術 學而智遠 如披祥雲而覩青天 登高山而望四海

禮記曰 玉不琢 不成器 人不學 不知道

太公曰 人生不學 冥冥如夜行

韓文公曰 人不通古今 馬牛而襟裾

朱文公曰 家若貧 不可因貧而廢學 家若富 不可恃富而怠學 貧若勤學 可以立身 富若勤學 名乃光榮 惟見學者顯達 不見學者無成 學者乃身之寶 學者乃世之珍 是故 學則乃爲君子 不學則爲小人 後之學者 宜各勉之

徽宗皇帝曰 學者如禾如稻 不學者如蒿如草 如禾如稻

兮 國之精糧 世之大寶 如蒿如草兮 耕者憎嫌 鋤者煩惱 他日面墻 悔之已老

論語曰 學如不及 猶恐失之

訓子篇

景行錄云 賓客不來門戶俗 詩書無敎子孫愚

莊子曰 事雖小 不作不成 子雖賢 不敎不明

漢書云 黃金滿籯 不如敎子一經 賜子千金 不如敎子一藝

至樂莫如讀書 至要莫如敎子

呂滎公曰 內無賢父兄 外無嚴師友 而能有成者 鮮矣

太公曰 男子失敎 長必頑愚 女子失敎 長必麤疎

男年長大 莫習樂酒 女年長大 莫令遊走

嚴父出孝子　嚴母出孝女
憐兒多與棒　憎兒多與食
人皆愛珠玉　我愛子孫賢

省心篇 上

景行錄云　寶貨用之有盡　忠孝享之無窮
家和貧也好　不義(誼)富如何　但存一子孝　何用子孫多
父不憂心因子孝　夫無煩惱是妻賢　言多語失皆因酒　義斷親疎只爲錢
旣取非常樂　須防不測憂
得寵思辱　居安慮危
榮輕辱淺　利重害深
甚愛必甚費　甚譽必甚毁　甚喜必甚憂　甚藏必甚亡

子曰 不觀高崖 何以知顚墜之患 不臨深泉 何以知沒溺之患 不觀巨海 何以知風波之患

欲知未來 先察已然

子曰 明鏡所以察形 往古所以知今

過去事 明如鏡 未來事 暗似漆

景行錄云 明朝之事 薄暮不可必 薄暮之事 晡時不可必

天有不測風雨 人有朝夕禍福

未歸三尺土 難保百年身 已歸三尺土 難保百年墳

景行錄云 木有所養 則根本固而枝葉茂 棟樑之材成 水有所養 則泉源壯而流派長 灌漑之利博 人有所養 則志氣大而識見明 忠義之士出 可不養哉

自信者 人亦信之 吳越皆兄弟 自疑者 人亦疑之 身外皆敵國

疑人莫用 用人勿疑

諷諫云 水底魚天邊雁 高可射兮低可釣 惟有人心咫尺間 咫尺人心不可料

畫虎畫皮難畫骨 知人知面不知心

對面共話 心隔千山

海枯終見底 人死不知心

太公曰 凡人 不可逆相 海水 不可斗量

景行錄云 結怨於人 謂之種禍 捨善不爲 謂之自賊

若聽一面說 便見相離別

飽煖思淫慾 飢寒發道心

疏廣曰 賢而多財則損其志 愚而多財則益其過

人貧智短 福至心靈

不經一事 不長一智

是非終日有 不聽自然無
來說是非者 便是是非人
擊壤詩云 平生不作皺眉事 世上應無切齒人 大名豈有
鐫頑石 路上行人口勝碑
有麝自然香 何必當風立
有福莫享盡 福盡身貧窮 有勢莫使盡 勢盡冤相逢 福兮
常自惜 勢兮常自恭 人生驕與侈 有始多無終
王參政四留銘曰 留有餘不盡之巧 以還造物 留有餘不
盡之祿 以還朝廷 留有餘不盡之財 以還百姓 留有餘不
盡之福 以還子孫
黃金千兩未爲貴 得人一語勝千金
巧者拙之奴 苦者樂之母
小船難堪重載 深逕不宜獨行

黃金未是貴　安樂値錢多
在家不會邀賓客　出外方知少主人
貧居鬧市無相識　富住深山有遠親
人義盡從貧處斷　世情便向有錢家
寧塞無底缸　難塞鼻下橫
人情　皆爲窘中疎
史記曰　郊天禮廟　非酒不享　君臣朋友　非酒不義　鬪爭相和　非酒不勸　故酒有成敗而不可泛飮之
子曰　士志於道而恥惡衣惡食者　未足與議也
荀子曰　士有妬友則賢交不親　君有妬臣則賢人不至
天不生無祿之人　地不長無名之草
大富由天　小富由勤
成家之兒　惜糞如金　敗家之兒　用金如糞

康節邵先生曰 閑居愼勿說無妨 纔說無妨便有妨 爽口物多能作疾 快心事過必有殃 與其病後能服藥 不若病前能自防

梓潼帝君垂訓曰 妙藥難醫冤債病 橫財不富命窮人 生事事生君莫怨 害人人害汝休嗔 天地自然皆有報 遠在兒孫近在身

花落花開開又落 錦衣布衣更換着 豪家未必常富貴 貧家未必長寂寞 扶人未必上青霄 推人未必塡溝壑 勸君凡事莫怨天 天意於人無厚薄

堪歎人心毒似蛇 雖知天眼轉如車 去年妄取東隣物 今日還歸北舍家 無義錢財湯潑雪 儻來田地水推沙 若將狡譎爲生計 恰似朝開暮落花

無藥可醫卿相壽 有錢難買子孫賢

一日清閑一日仙

省心篇 下

眞宗皇帝御製曰 知危識險 終無羅網之門 擧善薦賢 自有安身之路 施仁布德 乃世代之榮昌 懷妬報冤 與子孫之爲患 損人利己 終無顯達雲仍 害衆成家 豈有長久富貴 改名異體 皆因巧語而生 禍起傷身 皆是不仁之召

神宗皇帝御製曰 遠非道之財 戒過度之酒 居必擇隣 交必擇友 嫉妬勿起於心 讒言勿宣於口 骨肉貧者莫疎 他人富者莫厚 克己以勤儉爲先 愛衆以謙和爲首 常思已往之非 每念未來之咎 若依朕之斯言 治家國而可久

高宗皇帝御製曰 一星之火 能燒萬頃之薪 半句非言 誤損平生之德 身被一縷 常思織女之勞 日食三飧 每念農

夫之苦 苟貪妬損 終無十載安康 積善存仁 必有榮華後
裔 福緣善慶 多因積行而生 入聖超凡 盡是眞實而得
王良曰 欲知其君 先視其臣 欲識其人 先視其友 欲知
其父 先視其子 君聖臣忠 父慈子孝
家語云 水至清則無魚 人至察則無徒
許敬宗曰 春雨如膏 行人惡其泥濘 秋月揚輝 盜者憎其
照鑑
景行錄云 大丈夫見善明 故重名節於泰山 用心精 故輕
死生於鴻毛
悶人之凶 樂人之善 濟人之急 救人之危
經目之事 恐未皆眞 背後之言 豈足深信
不恨自家汲繩短 只恨他家苦井深
贓濫滿天下 罪拘薄福人

天若改常 不風則雨 人若改常 不病則死

壯元詩云 國正天心順 官清民自安 妻賢夫禍少 子孝父心寬

子曰 木從繩則直 人受諫則聖

一派青山景色幽 前人田土後人收 後人收得莫歡喜 更有收人在後頭

蘇東坡曰 無故而得千金 不有大福 必有大禍

康節邵先生曰 有人來問卜 如何是禍福 我虧人是禍 人虧我是福

大廈千間 夜臥八尺 良田萬頃 日食二升

久住令人賤 頻來親也踈 但看三五日 相見不如初

渴時一滴如甘露 醉後添盃不如無

酒不醉人人自醉 色不迷人人自迷

公心若比私心 何事不辦 道念若同情念 成佛多時

濂溪先生曰 巧者言 拙者默 巧者勞 拙者逸 巧者賊 拙者德 巧者凶 拙者吉 嗚呼 天下拙 刑政撤 上安下順 風清弊絶

易曰 德微而位尊 智小而謀大 無禍者鮮矣

說苑曰 官怠於宦成 病加於小愈 禍生於懈惰 孝衰於妻子 察此四者 愼終如始

器滿則溢 人滿則喪

尺璧非寶 寸陰是競

羊羹雖美 衆口難調

益智書云 白玉投於泥塗 不能汚穢其色 君子行於濁地 不能染亂其心 故松柏可以耐雪霜 明智可以涉危難

入山擒虎易 開口告人難

遠水不救近火 遠親不如近隣

太公曰 日月雖明 不照覆盆之下 刀刃雖快 不斬無罪之人 非災橫禍 不入愼家之門

太公曰 良田萬頃 不如薄藝隨身

性理書云 接物之要 己所不欲 勿施於人 行有不得 反求諸己

酒色財氣四堵墻 多少賢愚在內廂 若有世人跳得出 便是神仙不死方

立敎篇

子曰 立身有義 而孝爲本 喪紀有禮 而哀爲本 戰陣有列 而勇爲本 治政有理 而農爲本 居國有道 而嗣爲本 生財有時 而力爲本

景行錄云 爲政之要 曰公與清 成家之道 曰儉與勤

讀書起家之本 循理保家之本 勤儉治家之本 和順齊家之本

孔子三計圖云 一生之計在於幼 一年之計在於春 一日之計在於寅 幼而不學 老無所知 春若不耕 秋無所望 寅若不起 日無所辦

性理書云 五敎之目 父子有親 君臣有義 夫婦有別 長幼有序 朋友有信

三綱 君爲臣綱 父爲子綱 夫爲婦綱

王蠋曰 忠臣不事二君 烈女不更二夫

忠子曰 治官莫若平 臨財莫若廉

張思叔座右銘曰 凡語必忠信 凡行必篤敬 飲食必愼節 字畫必楷正 容貌必端莊 衣冠必肅整 步履必安詳 居處

必正靜 作事必謀始 出言必顧行 常德必固持 然諾必重
應 見善如己出 見惡如己病 凡此十四者 皆我未深省
書此當座隅 朝夕視爲警

范益謙座右銘曰 一不言朝廷利害邊報差除 二不言州
縣官員長短得失 三不言衆人所作過惡之事 四不言仕
進官職趨時附勢 五不言財利多少厭貧求富 六不言淫
媟戲慢評論女色 七不言求覓人物干索酒食 又人附書
信 不可開坼沈滯 與人竝坐 不可窺人私書 凡入人家
不可看人文字 凡借人物 不可損壞不還 凡喫飮食 不可
揀擇去取 與人同處 不可自擇便利 凡人富貴 不可歎羨
詆毁 凡此數事 有犯之者 足以見用意之不肖 於存心修
身 大有所害 因書以自警

武王問太公曰 人居世上 何得貴賤貧富不等 願聞說之

欲知是矣 太公曰 富貴如聖人之德 皆由天命 富者用之有節 不富者家有十盜

武王曰 何謂十盜 太公曰 時熟不收 爲一盜 收積不了爲二盜 無事燃燈寢睡 爲三盜 慵懶不耕 爲四盜 不施功力 爲五盜 專行巧害 爲六盜 養女太多 爲七盜 晝眠懶起 爲八盜 貪酒嗜慾 爲九盜 强行嫉妬 爲十盜

武王曰 家無十盜而不富者何如 太公曰 人家 必有三耗

武王曰 何名三耗 太公曰 倉庫漏濫不蓋 鼠雀亂食 爲一耗 收種失時 爲二耗 拋撒米穀穢賤 爲三耗

武王曰 家無三耗而不富者何如 太公曰 人家 必有一錯二誤三痴四失五逆六不祥七奴八賤九愚十强 自招其禍非天降殃

武王曰 願悉聞之 太公曰 養男不敎訓 爲一錯 嬰孩不

訓 爲二誤 初迎新婦 不行嚴訓 爲三痴 未語先笑 爲四失 不養父母 爲五逆 夜起赤身 爲六不祥 好挽他弓 爲七奴 愛騎他馬 爲八賤 喫他酒勸他人 爲九愚 喫他飯命朋友 爲十强 武王曰 甚美誠哉 是言也

治政篇

明道先生曰 一命之士 苟存心於愛物 於人必有所濟

宋太宗御製云 上有麾之 中有乘之 下有附之 幣帛衣之倉廩食之 爾俸爾祿 民膏民脂 下民易虐 上天難欺

童蒙訓曰 當官之法 唯有三事 曰淸曰愼曰勤 知此三者則知所以持身矣

當官者 必以暴怒爲戒 事有不可 當詳處之 必無不中若先暴怒 只能自害 豈能害人

事君如事親 事官長如事兄 與同僚如家人 待群吏如奴僕 愛百姓如妻子 處官事如家事然後 能盡吾之心 如有毫末不至 皆吾心有所未盡也

或問 簿佐令者也 簿所欲爲 令或不從 奈何 伊川先生曰 當以誠意動之 今令與簿不和 便是爭私意 令是邑之長 若能以事父兄之道事之 過則歸己 善則唯恐不歸於令 積此誠意 豈有不動得人

劉安禮問臨民 明道先生曰 使民各得輸其情 問御吏 曰 正己以格物

抱朴子曰 迎斧鉞而正諫 據鼎鑊而盡言 此謂忠臣也

治家篇

司馬溫公曰 凡諸卑幼 事無大小 毋得專行 必咨稟於家

長

待客不得不豐 治家不得不儉

太公曰 痴人畏婦 賢女敬夫

凡使奴僕 先念飢寒

子孝雙親樂 家和萬事成

時時防火發 夜夜備賊來

景行錄云 觀朝夕之早晏 可以卜人家之興替

文中子曰 婚娶而論財 夷虜之道也

安義篇

顔氏家訓曰 夫有人民而後有夫婦 有夫婦而後有父子

有父子而後有兄弟 一家之親 此三者而已矣 自玆以往

至于九族 皆本於三親焉 故於人倫 爲重也 不可不篤

莊子曰 兄弟爲手足 夫婦爲衣服 衣服破時更得新 手足斷處難可續

蘇東坡云 富不親兮貧不疎 此是人間大丈夫 富則進兮貧則退 此是人間眞小輩

遵禮篇

子曰 居家有禮 故長幼辨 閨門有禮 故三族和 朝廷有禮 故官爵序 田獵有禮 故戎事閑 軍旅有禮 故武功成

子曰 君子有勇而無禮 爲亂 小人有勇而無禮 爲盜

曾子曰 朝廷莫如爵 鄕黨莫如齒 輔世長民莫如德

老少長幼 天分秩序 不可悖理而傷道也

出門如見大賓 入室如有人

若要人重我 無過我重人

父不言子之德 子不談父之過

言語篇

劉會曰 言不中理 不如不言
一言不中 千語無用
君平曰 口舌者 禍患之門 滅身之斧也
利人之言 煖如綿絮 傷人之語 利如荊棘 一言利人 重
値千金 一語傷人 痛如刀割
口是傷人斧 言是割舌刀 閉口深藏舌 安身處處牢
逢人且說三分話 未可全抛一片心 不怕虎生三個口 只
恐人情兩樣心
酒逢知己千鍾少 話不投機一句多

交友篇

子曰 與善人居 如入芝蘭之室 久而不聞其香 卽與之化矣 與不善人居 如入鮑魚之肆 久而不聞其臭 亦與之化矣 丹之所藏者赤 漆之所藏者黑 是以 君子必愼其所與處者焉

家語云 與好人同行 如霧露中行 雖不濕衣 時時有潤 與無識人同行 如厠中坐 雖不汚衣 時時聞臭

子曰 晏平仲 善與人交 久而敬之

相識滿天下 知心能幾人

酒食兄弟千個有 急難之朋一個無

不結子花休要種 無義之朋不可交

君子之交淡如水 小人之交甘若醴

路遙知馬力 日久見人心

婦行篇

益智書云 女有四德之譽 一曰婦德 二曰婦容 三曰婦言 四曰婦工也 婦德者 不必才名絶異 婦容者 不必顏色美麗 婦言者 不必辯口利詞 婦工者 不必技巧過人也 其婦德者 淸貞廉節 守分整齊 行止有恥 動靜有法 此爲婦德也 婦容者 洗浣塵垢 衣服鮮潔 沐浴及時 一身無穢 此爲婦容也 婦言者 擇師而說 不談非禮 時然後言 人不厭其言 此爲婦言也 婦工者 專勤紡績 勿好葷酒 供具甘旨 以奉賓客 此爲婦工也 此四德者 是婦人之所不可缺者 爲之甚易 務之在正 依此而行 是爲婦節

太公曰 婦人之禮 語必細

賢婦令夫貴　佞婦令夫賤
家有賢妻　夫不遭橫禍
賢婦和六親　佞婦破六親

增補篇

周易曰　善不積　不足以成名　惡不積　不足以滅身　小人以小善爲无益而弗爲也　以小惡爲无傷而弗去也　故惡積而不可掩　罪大而不可解　履霜堅冰至　臣弒其君　子弒其父　非一朝一夕之事　其所由來者漸矣

八反歌　八首

幼兒或詈我　我心覺懽喜　父母嗔怒我　我心反不甘　一喜

懽一不甘 待兒待父心何懸 勸君今日逢親怒 也應將親
作兒看
兒曹出千言 君聽常不厭 父母一開口 便道多閑管 非閑
管親掛牽 皓首白頭多諳練 勸君敬奉老人言 莫敎乳口
爭長短
幼兒屎糞穢 君心無厭忌 老親涕唾零 反有憎嫌意 六尺
軀來何處 父精母血成汝體 勸君敬待老來人 壯時爲爾
筋骨敝
看君晨入市 買餅又買餻 少聞供父母 多說供兒曹 親未
啖兒先飽 子心不比親心好 勸君多出買餅錢 供養白頭
光陰少
市間賣藥肆 惟有肥兒丸 未有壯親者 何故兩般看 兒亦
病親亦病 醫兒不比醫親症 割股還是親的肉 勸君亟保

雙親命

富貴養親易 親常有未安 貧賤養兒難 兒不受饑寒 一條心兩條路 爲兒終不如爲父 勸君養親如養兒 凡事莫推家不富

養親只二人 常與兄弟爭 養兒雖十人 君皆獨自任 兒飽煖親常問 父母饑寒不在心 勸君養親須竭力 當初衣食被君侵

親有十分慈 君不念其恩 兒有一分孝 君就揚其名 待親暗待兒明 誰識高堂養子心 勸君漫信兒曹孝 兒曹樣子在君身

孝行篇 續

孫順家貧 與其妻傭作人家以養母 有兒每奪母食 順謂

妻曰 兒奪母食 兒可得 母難再求 乃負兒往歸醉山北郊 欲埋掘地 忽有甚奇石鍾 驚怪試撞之 舂容可愛 妻曰 得此奇物 殆兒之福 埋之不可 順以爲然 將兒與鍾還家 懸於樑撞之 王聞鍾聲淸遠異常而覈聞其實曰 昔郭巨埋子 天賜金釜 今孫順埋兒 地出石鍾 前後符同 賜家一區 歲給米五十石
尙德 値年荒癘疫 父母飢病濱死 尙德日夜不解衣 盡誠安慰 無以爲養 則刲髀肉食之 母發癰 吮之卽癒 王嘉之 賜賚甚厚 命旌其門 立石紀事
都氏家貧至孝 賣炭買肉 無闕母饌 一日 於市晩而忙歸 鳶忽攫肉 都悲號至家 鳶旣投肉於庭 一日 母病索非時之紅柹 都彷徨柹林 不覺日昏 有虎屢遮前路 以示乘意 都乘至百餘里山村 訪人家投宿 俄而主人饋祭飯 而有

紅柿 都喜 問柿之來歷 且述己意 答曰 亡父嗜柿 故每秋 擇柿二百個 藏諸窟中 而至此五月 則完者不過七八 今得五十個完者 故心異之 是天感君孝 遺以二十顆 都謝出門外 虎尚俟伏 乘至家 曉鷄喔喔 後母以天命終 都有血淚

廉義篇

印觀賣綿於市 有署調者以穀買之而還 有鳶攫其綿 墮印觀家 印觀歸于署調曰 鳶墮汝綿於吾家 故還汝 署調曰 鳶攫綿與汝 天也 吾何受爲 印觀曰 然則還汝穀 署調曰 吾與汝者市二日 穀已屬汝矣 二人相讓 幷棄於市 掌市官以聞王 竝賜爵

洪公耆燮 少貧甚無聊 一日朝 婢兒踊躍獻七兩錢曰 此

在鼎中 米可數石 柴可數馱 天賜天賜 公驚曰 是何金
卽書失金人推去等字 付之門楣而待 俄而姓劉者 來問
書意 公悉言之 劉曰 理無失金於人之鼎內 果天賜也
盍取之 公曰 非吾物何 劉俯伏曰 小的 昨夜爲竊鼎來
還憐家勢蕭條而施之 今感公之廉价 良心自發 誓不更
盜 願欲常侍 勿慮取之 公卽還金曰 汝之爲良則善矣
金不可取 終不受 後公爲判書 其子在龍 爲憲宗國舅
劉亦見信 身家大昌
高句麗平原王之女 幼時好啼 王戲曰 以汝將歸于愚溫
達 及長 欲下嫁于上部高氏 女以王不可食言 固辭 終
爲溫達之妻 蓋溫達家貧 行乞養母 時人目爲愚溫達也
一日 溫達自山中負楡皮而來 王女訪見曰 吾乃子之匹
也 乃賣首飾 而買田宅器物頗富 多養馬以資溫達 終爲

顯榮

勸學篇

朱子曰 勿謂今日不學而有來日 勿謂今年不學而有來年 日月逝矣 歲不我延 嗚呼老矣 是誰之愆

少年易老學難成 一寸光陰不可輕 未覺池塘春草夢 階前梧葉已秋聲

陶淵明詩云 盛年不重來 一日難再晨 及時當勉勵 歲月不待人

荀子曰 不積蹞(跬)步 無以至千里 不積小流 無以成江河